讀讀往來 Reading

讀讀來｜我的閱讀之旅

魏邦良、賈冬梅　著

目　錄

生命中的怕和愛

——楊絳《走到人生邊上——自問自答》讀後

　　楊絳先生新著《走到人生邊上——自問自答》是一本探討人生意義的書。雖然作者在書中談論的是一些諸如命運、價值、良知、道德等哲學話題，但讀來卻既不深奧也不晦澀，其原因有三：一是作者並未生搬硬套一些哲學概念來圖解生活，而是著力於抒寫自己對人生的獨特而鮮活的感悟；二是作者用淺顯流暢、生動形象的語言來闡述哲學命題，可謂舉重若輕，化抽象為形象，寓深邃於淺白；三是全書分兩部分，前一部分「本文」，寫作者對人生的感悟和追問，後一部分是「注釋」，用故事的方式來對「本文」予以注釋，這樣就把灰色的理論「本文」與綠色的生命「注釋」完全融為一體了。

　　按我的理解，這本書探討的就是生命中的怕和愛。所謂「怕」，指一種敬畏和警惕，亦即對正義、良知、神明和生命中我們尚不能完全瞭解的部分心存一份敬畏和警惕；所謂「愛」是指一種執著和堅定，就是執著地自我修煉，完善自己，就是堅定地守護親情，蕩滌心靈。

一

　　在「神和鬼的問題」這章裏，楊絳先生舉了一些她耳聞目睹到的或真或假、亦奇亦幻的鬼神故事，最後，怕鬼而又不完全相信有鬼的她得出如下結論：

我相信看不見的東西未必不存在。城裏人太多了，鬼已無處可留。農村常見鬼，鄉人確多迷信，未必都可信。但看不見的，未必都子虛烏有。有人不信鬼（我爸爸就不信鬼），有人不怕鬼（鍾書和錢瑗從來不怕鬼）。但是誰也不能證實人世間沒有鬼。因為『沒有』無從證實；證實『有』，倒好說。我本人只是怕鬼，並不敢斷言自己害怕的是否存在，也許我只是迷信。但是我相信，我們不能因為看不見而斷為不存在。這話該不屬迷信吧？有人說，我們的親人，去世後不再回家，不就證明鬼是沒有的嗎？我認為，身後的事，無由得知，我的自問自答，只限於今生今世。

在古代典籍裏，談論鬼神的篇章也很多。譬如在《論語》裏有這些文字：「天何言哉？四時行焉，百物生焉，天何言哉？」「吾誰欺，欺天乎？」「知我者，其天乎！」「獲罪於天，無所禱也。」「天生德於予，……」楊絳告訴我們，這裏的「天」，「不就是指神明的大自然或大自然的神明嗎？」

《中庸》第十六章，有這樣的文字：「鬼神之為德，其盛矣乎！視之而勿見，聽之而勿聞，體物而不可遺；使天下之人齊明盛服以承祭祀，洋洋乎如在其上，如在其左右。《詩》曰：『神之格思，不可度思，矧可射思。』」楊絳先生對這段文字做了翻譯：「祭祀的時候，鬼神雖然看不見，聽不見，萬物都體現了神靈的存在；祭祀的時候，神靈就在你頭頂上，就在你左右；接著引用《詩經・大雅・仰》之篇：『神來了呀，神是什麼模樣都無從想像，我們哪敢怠慢呀。』」

無論是《論語》還是《中庸》，都不約而同表達了對鬼神的敬畏。

我們知道，對鬼神，我們既不能簡單否定，「不能因為看不見而斷為不存在」，也無法證實鬼神確實存在，那麼，對鬼神，我們應持什麼樣的態度呢？對此，孔子在《論語》中已經給了我們答案。

> 樊遲問知。子曰：「務民之義，敬鬼神而遠之，可謂知矣。」

如果完全相信鬼神，就是所謂的迷信；如果完全不信，則失之武斷，所以明智的態度是——敬而遠之。為什麼說這種態度是明智的呢？李澤厚先生對此作了詳細說明：

> 這種對鬼神不肯定、不否定，甚至不去詢問、懷疑和思考的態度，是中國的典型智慧。因為任何尋求、懷疑和思考，都需要運用理性思辯，而用理性思辯是很難證實或證偽上帝鬼神的存在的。既然如此，又何必盲目信從上帝鬼神或者依據科學而力加排斥？

對不可知事物保持一份敬畏，顯然要優於「強不知以為知」，前者雖帶來一絲惶惑，但卻會激發人類探求的慾望，從而使人類在不斷追問和探索中逼近真理，完善自身；後者只能滋生淺薄的自大，從而使人類在無知的泥淖中越陷越深。

如果說對於鬼神，我們還能「敬而遠之」，那麼對於良知，我們只能敬畏，卻無法疏遠。孟子云：「人有所不學而能者，其良能也。有不慮而知者，其良知也。」這裏的「良」，就是本然之善也。也就是說，人的天性是好的。楊絳先生認為，不獨人類具備良知良能，禽獸也具備良知良能。「禽獸的天性不僅有食慾、性慾。禽獸都有良知良能，連蟲蟻也有，例如螞蟻做窠、蜂釀蜜、鵲營巢、犬守門，且忠於主人。

人當然也有良知良能，不輸禽獸蟲蟻，而超越禽獸蟲蟻」，楊絳先生認為，人類超越禽獸蟲蟻，是因為人類不僅具備「良知良能」，還具備動物所沒有的「良心」。

對於良心，楊絳的定義如下：

> 良心就是惻隱之心、羞惡之心等等仁義之心。人性中天生有仁義禮智等道德心，稱良心。
>
> 西方人把「良知良能」稱「本能」或「本性」或「天性」，而「良心」亦稱「道德心」。就是說，每個人天生懂得是非、善惡等道德價值或標準，而在良心的督促下，很自然地追求真理，追求完善，努力按照良心上的道德標準為人行事。假如該做的不做，或做了不該做的事，就受到良心的譴責，內疚負愧。

為了更好地說明「人的良知良能與禽獸不同而超越禽獸」，楊絳先生自造了一個詞「靈性良心」：

> 人的良知良能與禽獸不同而超越禽獸，我就稱為「靈性良心」。「靈性」，是識別是非、善惡、美醜等道德標準的本能；「良心」是鼓動並督促為人行事都遵守上述道德標準的道德心。「靈性良心」是並存的，結合「知」與「行」兩者。

作為一種律令，「良心」是自律而非他律，是內在的自我約束而非外在的他人監督。

《中庸》第一章云：「莫見乎隱，莫顯乎微，故君子慎其獨也。」翻譯成現代漢語就是：「最隱蔽的地方，最微小的事，最使你本相畢露；

你以為獨自一人的時候沒人看見，就想放肆啦？小心呀！君子在獨自一人的時候特別謹慎。」

　　為什麼「君子在獨自一人的時候特別謹慎」呢？本來，獨自一人的時候，沒人看得見，沒人管得了，本該可以為所欲為了，卻反而要特別謹慎呢？因為獨自一人的時候，「良心」的約束機制自動啟動，所以即使無人監督也不敢輕舉妄動了。也就是說，是君子，一言一行一舉一動，不分場合，不分時間，都要符合一定的道德標準；反過來說，如果在任何時候任何場合都能接受良心的約束，都能讓自己的行為符合一定的道德標準，這樣的人，也就堪稱君子了。

　　書中最後一篇「注釋」，是題為〈良心〉的散文。這是《新民晚報》登載的一則真人真事。講的是吉林省延吉市郊農村一對夫婦將十年前撿來的四萬元交給了市公安局，要求公安局為他們找到失主。事情的經過如下：

　　1996 年夏天的一個夜晚，一位 49 歲的計程車司機把一男一女兩位乘客送到目的地，分文未得，反挨了一頓罵，乘客離去後，司機發現他們把一大包錢丟在車上，那是筆鉅款，4 萬。司機很窮，突然撿到這筆鉅款，非常害怕，連妻子都不敢告訴。幾天後，丟錢的乘客帶著幾個大漢把他帶上一輛卡車，說是丟了 5 萬塊錢，喝令他交出，接著又把他帶到當地派出所，對警察說，這個司機撿到了他丟在計程車上的 5 萬塊錢，不肯還。司機不敢承認自己撿到了錢，他想，若承認自己撿了錢，到哪裏去找對方訛他的一萬塊錢呢？半年後，警察再次問他是否撿到失主丟失的錢，他再次否認。

　　司機家境貧困，妻子患肝硬化，常借錢看病。14 歲兒子讀書的開支也非常大，妻子後來知道他撿到了 4 萬塊錢，也非常怕，兩人想用

又不敢用。其實如果他們真的花了這筆錢，可以說是神不知鬼不覺，但良心卻不允許他動用這筆錢，整整 10 年，他們一直忐忑不安，這筆鉅款像一座山壓得他們喘不過氣，最終，夫婦倆終於承受不了良心的逼視，把鉅款交給了警察。此後夫婦倆日子雖然依舊過得艱難，但心裏卻踏實了。

對這對貧賤夫妻交出鉅款的行為，楊絳有如下評價：

> 他們是樸實的鄉民，沒有歪理。如講歪理，可以說：「失主是欺壓好人、訛詐好人的渾蛋，跟這種渾蛋講什麼道義！我的需要比你大！」他們就可以用來看病了，還債了，生活得寬裕些，這筆錢就花掉了。可是我們這位司機和他的老婆，靈性良心經過長達 10 年的拉鋸戰，還是勝利了。他們始終沒有昧了良心。

這對夫婦的行為讓我們感受到了良知的力量。在文章的結尾，楊絳老人不由得感慨：「良心出自人的本性，除非自欺欺人，良心是壓不滅的。」楊絳先生的感慨使我們自然聯想到哲學家康德那句廣為人知的格言：

> 有兩種東西，我對它們的思考越是深沉和持久，它們在我心靈中喚起的驚奇和敬畏就會日新月異，不斷增長，這就是我頭上的星空和心中的道德定律。

康德把「星空」和「道德律令」相提並論，其實是要告訴我們，兩者不僅令人敬畏，也是永恆不滅的。楊絳先生在書中也表露了和康德相似的看法：

靈性良心是人的本性，不依仗本性以外的任何支持。靈性良心不爭不鬥，只是屹立不動。靈性良心如日月之光，暫時會被雲霧遮沒，雲消霧散之後，依然光明澄澈。

除了敬畏，還要警惕。警惕什麼？警惕每個人內心深處「不同程度地自欺欺人」，也就是楊絳先生所說的「妥協」。什麼是「不同程度地自欺欺人」？什麼是「妥協」？楊絳在書中作了詳細的闡述：

照鏡子可以照見自己的相貌。如果這人的臉是歪的，天天照鏡子，看慣了，就不覺得歪了。醜人照鏡子，總看不到自己多麼醜，只看到別人所看不到的美。自命瀟灑的「帥哥」，照不見他本相的浮滑或鄙俗。因為我們鏡子裏的「鏡中人」，總是自己心目中的「意中人」，並不是自己的真面目。面貌尚且如此，何況人的品性呢！每個人自負為怎樣的人，就以為自己是這樣的人。每個人都不同程度地自欺欺人，這就是所謂「妥協」。

孔子云：不患人之不己知，患不知人也。楊絳先生則諄諄告誡我們，不僅如此，人還有一患——患不自知也。

在書的後半部，作者用兩篇散文〈鏡中人〉、〈他是否知道自己騙人？〉對「自欺欺人」、「妥協」作了「注釋」。

〈鏡中人〉的主人公是在楊絳家當保姆的郭媽，長相很醜，但完全不自知，穿著打扮上喜歡模仿楊絳，一次楊絳在宴會上遇到白楊，兩人交流了一下捲髮的技巧。

第二天我換了白楊的髮式。忽見郭媽也同樣把頭髮往裏捲了。她沒有電燙，不知她用的什麼方法。我不免暗笑「婢學

夫人」，可是我再一想，郭媽是「婢學夫人」，我豈不是「夫人學明星」呢？

郭媽還喜歡對鏡梳妝，她看鏡中自己的眼神彷彿是在欣賞一個美人。楊絳先生由此得出自己的結論：

> 鏡子裏的人，是顯而易見的，自己卻看不真。一個人的品格——他的精神面貌，就更難捉摸了。大抵自負是怎樣的人，就自信為這樣的人，就表現為這樣的人。

楊絳先生的這篇散文並非諷刺郭媽的顧影自憐，美醜不分，而是想告訴我們，每個人都有這樣的與生俱來且難以根除的弱點——在自欺欺人時渾然不覺，對自己的優點、長處、美的一面津津樂道、百看不厭，對自己的缺點、短處、醜的一面則諱莫如深、視而不見。楊絳是通過郭媽這個人物來反思自己反思我們人類：

> 郭媽自以為美，只是一個極端的例子。她和我的不同，也不過「百步」、「五十步」的不同罷了。

〈鏡中人〉說的是相貌上自欺欺人，〈他是否知道自己騙人？〉講的是學歷上的自欺欺人。主人公是楊絳先生的一位同事，這位同事很聰明也很有真才實學，「他對於古希臘、羅馬的學問，不輸於留學希臘的專家。而且他中文功底好，文筆流麗。他還懂俄文，比留學希臘的專家更勝一籌。」但這位專家沒留過學，卻自稱曾在世界各國留學，而且是和蘇聯的風雲人物某某將軍一同飛回中國的。

　　楊絳先生寫這篇散文也不是要諷刺這位專家，她只是想借此進一步探討自欺欺人這一陋習何以根深蒂固、難以根除。在文章的結尾，楊絳先生給出了她的結論：

> 一個人有所不足，就要自欺欺人。一句謊言說過三次就自己也信以為真的，我們戚友間不乏實例。……。自欺欺人是人之常情，程度不同而已。

　　既然「自欺欺人是人之常情，程度不同而已。」，那麼，我們自然要時刻對此保持警惕，如果稍有鬆懈，也許就不知不覺變成了騙子，但紙怎能包住火？必然的結果只能是不但騙不了人反而淪為笑柄——就像這位專家一樣。

　　人的生命是由靈和肉組成的，人活著，靈和肉的衝突無始無終，此消彼長。楊絳先生把肉體的「我」命名為「小我」，把聽受靈性良心管束的「我」稱為「大我」。人的一生中，「大我」總想壓制著「小我」，而「小我」也不甘示弱，一有風吹草動，就伺機反撲。一個高尚的人，只能說是他的「大我」成功地壓制住了「小我」，而不是說他沒有「小我」，而且，即使是個高尚的人，也並不等於在任何時候，他的「大我」都能牢牢控制著他的「小我」，只要他放鬆警惕，放鬆對自己的管束，他的「小我」就會「浮出水面」，篡位奪權，從而讓高尚者步入墮落的深淵。

　　楊絳先生的話使我想起雨果的兩句名言：

> 釋放無限光明的是人心。製造無邊黑暗的也是人心
>
> 英雄的內心並非只有光明沒有黑暗，而是他的光明戰勝了黑暗

　　楊絳先生在書中用散文〈三叔叔的戀愛〉來注釋「大我」與「小我」之間的衝突的，這種衝突在楊絳筆下也稱「天人交戰」。

　　楊絳的三叔 11 歲那年就由父母訂了婚，後來，她三叔出國留學，和一位林小姐戀愛了，回國後的三叔就想解除早年的婚約，結果，楊絳的父親就提醒這個小弟弟說：「要解約，當在出國前提出。人家小姐比你大兩歲，又等了你三年。如果退婚，就很難嫁出去了。」聽了這番話，楊絳的三叔經過激烈的內心鬥爭，終於和林小姐斷了關係，娶了父母為她訂下的那位姑娘。可是結婚後，兩人志趣不投，各方面的差距都很大，結果楊絳的三叔只得把其妻子送回老家，自己一人留在京城。不久，這位三叔認識名妓林某某，並決定娶她，後因為生病，才作罷。林某某後來嫁給了別人。幾年後，楊絳的三叔抑鬱而死。

　　楊絳三叔的兩次戀愛均以悲劇而收場。他內心的「天人交戰」長久而慘烈，結果是互有勝負，當他決定斬斷戀情，遵從父母之命時，他內心一定蓄滿苦水；而當他獨居京城，流連在風月場中，打算和名妓相伴終生時，其身心更已是千瘡百孔了。

　　三叔的抑鬱而終使楊絳的父親陷入自責中，而楊絳對這位三叔也是十分同情：

> 我上大學的時期，回家總愛跟著爸爸或媽媽，晚上還不願回自己房間。有一夜，我聽爸爸對媽媽說：「小弟弟若娶了林小姐，他不致這樣斷喪自己吧？」媽媽默然沒有回答。我很為爸爸傷心，媽媽也知道爸爸是憐惜小弟弟而傷心自責。但是他作為年長 11 歲的哥哥，及時提醒小弟弟，爸爸錯了嗎？三叔經過鬥爭，忍痛和有情人分手，三叔錯了嗎？我認為他們都沒有錯。我媽

媽真好，她一聲也不響，她是個知心的好老伴兒。我回到自己屋裏來回地想，爸爸沒錯，三叔叔也沒錯。不過感情是很難控制的，人是很可憐的。

人活著，就逃脫不了「天人交戰」，就必須經受煎熬。對也好，錯也罷，人的宿命就是如此。

人可以像聖徒一樣百毒難侵，也可以像惡棍一樣五毒俱全。「大我」和「小我」就這樣虎視眈眈，摩拳擦掌，不斷撕扯著角力著，無始無終，此消彼長，互有勝負。所以，不管是誰，都要不停的自我修煉，「吾日三省吾身」，否則，一不留神，高尚者就會落入猥瑣者的行列。人的一生，就像一葉小舟在「天人交戰」的漩渦左衝右突。只有全神貫注、奮力划槳才不會被漩渦吞沒。楊絳先生說：「不過感情是很難控制的，人是很可憐的」。為什麼說「人是很可憐的」？我想原因有兩個：一、這場「天人交戰」是一場無始無終的戰役，所以，人永遠沒有大功告成的那一天，這意味著我們永遠不能自滿，誰得意忘形，放鬆了修煉，就會陷入「小我」的埋伏；二、這不是一場一定能打贏的戰爭，功虧一簣者、折戟沉沙者大有人在，這意味著我們永遠不能懈怠，誰掉以輕心，忽視了內省，就會做了慾望的俘虜。

說「人是很可憐的」，並非顯露人的軟弱和怯懦，而是強調「天人交戰」的長久而慘烈，只有認識到這一點，人們才會鼓足勇氣，調動一切力量投身於這場命中註定的戰爭，這樣才有可能在「天人交戰」中立於不敗之地，如此，人固然依舊「可憐」但也變得「可敬」了。

二

　　楊絳先生在書中提出「人生實苦」的觀點，她認為，不分上智下愚，不論窮人富人，其人生都難逃一個苦字。

> 上帝已不在其位，財神爺當道了。人世間只是爭權奪利、爭名奪位的「名利場」，或者乾脆就稱「戰場」吧。爭得了名利，還得抱住了緊緊不放，不妨豚皮老臉，不識羞恥！享受吧，花了錢尋歡作樂，不又都是「將錢買憔悴」？天災人禍都是防不勝防的。人與人、黨派與黨派、國與國之間為了爭奪而產生的仇恨狠毒，再加上人世間種種誤解、猜忌、不能預測的煩擾、不能防備的冤屈，只能歎息一聲：「人生實苦！」
>
> 貧賤的人，為了衣、食、住、行，成家立業，生兒育女得操心。富貴的，要運用他們的財富權勢，更得操心。哪個看似享福的人真的享了福呢？為什麼總說「身在福中不知福」呢？旁人看來是享福，他本人只在煩惱啊！為什麼說「家家都有一本難念的經」呢？因為逼近了看，人世處處都是苦惱啊！為什麼總說「需知世上苦人多」啊？最闒茸無能之輩，也得為生活操心；最當權得勢的人，當然更得操心。

　　既然「人生實苦」，那麼這個苦惱的人世還有存在的價值嗎？對這一問題，楊絳先生給出的答案是肯定的。

　　《大學》裏最關鍵的一句話是：「自天子以至庶人，壹是皆以修身為本」。所謂「修身」，就是修煉自己，提升自己，完善自己。而我們所處的這個苦惱的人世恰好為這種修煉提供了場所：

　　修身──鍛煉自身，是做人最根本的要求。天生萬物的目的，該是堪稱萬物之靈的人。但是天生的人，善惡雜糅，還需鍛煉出純正的品色來，才有價值。這個苦惱的人世，恰好是鍛煉的處所，好比煉鋼的工廠，或教練運動員的操場，或教育學生的教室。這也說明，人生實苦確是有緣故的。

　　當年，毛澤東曾發出號召：「知識青年到農村去，接受貧下中農再教育，很有必要。」為什麼說「很有必要」？因為生存條件惡劣的農村，為養尊處優的「知識青年」們提供了一個「鍛煉自身」也就是「修身」的絕佳場所，這，也許就是「廣闊天地」最大的作為了。雖說「上山下鄉」運動如今備受爭議，但平心而論，這場運動確實「鍛煉」出一批又紅又專的精英。僅從文學界而言，這場轟轟烈烈的運動後，一批優秀的知青作家脫穎而出，他們寫出的最好的作品幾乎無一例外都取材於「上山下鄉」那段生活。比如張承志和他的〈騎手為什麼要歌唱母親？〉，韓少功和他的〈西望茅草地〉，王安憶和她的〈本次列車終點〉，陳村和他的〈藍旗〉。知青生活雖然艱辛，但那場刻骨銘心的「鍛煉」卻使得很多人脫胎換骨，由醜陋的「蛹」化成了美麗的「蝶」。時至今日，仍有那麼多老知青，對當年插隊落戶的地方懷有深厚的感情，其原因正在這裏。「為什麼我眼裏常含淚水？因為我對這土地愛得深沉。」為什麼對這土地愛得深沉？因它讓知識青年們百煉成鋼了！

　　葉芝名作〈當你老了〉廣為流傳，全詩如下：

　　當你老了
　　當你老了──頭白了──睡思昏沉

爐火旁打盹——請取下這部詩歌

慢慢讀——回想你過去眼神的柔和

回想它們過去的濃重的陰影

多少人愛你年輕歡暢的時候

愛慕你的美麗、假意或真心

只有一個人愛你那朝聖者的靈魂

愛你衰老了的臉上的痛苦的皺紋

垂下頭來——在紅光閃耀的爐子旁

淒然地輕輕訴說那愛情的消逝

在頭頂的山上它緩緩踱著步子

在一群星星中間隱藏著臉龐。

　　為什麼會「愛你那朝聖者的靈魂，愛你衰老了的臉上的痛苦的皺紋」？因為只有飽經風霜，在歲月的熔爐裏「鍛煉」過的人，才會具備「朝聖者的靈魂」；而「痛苦的皺紋」固然意味著衰老，但也是一個人有過艱辛而漫長的「修煉」的標誌，所以，「痛苦的皺紋」下面隱含著的正是堅定的意志、優良的品質和充盈的智慧——這一切當然值得我們去深愛。也許可以這樣說，修煉給了她「痛苦的皺紋」，人們從中看到了美。

　　法國作家杜拉斯《情人》的開頭，為人們津津樂道：「我已經老了，有一天，在一處公共場所的大廳裏，有一個男人向我走來，他對我說：那時你是年輕女人，與你那時的面貌相比，我愛你現在備受摧殘的容顏。」

　　儘管，我早就看過杜拉斯的《情人》，對小說開頭這句話也早就耳熟能詳，但只在讀了楊絳先生關於「修身」這段話之後，我才如夢方醒，真正領會了這個不同尋常的開頭的絕佳之處。

　　「備受摧殘的容顏」也許沒有了表面上的光滑與柔嫩，但卻說明這個女人原本「善惡雜糅」的人性已「鍛煉出純正的品色」，而這種「純正的品色」是真正的無價之寶，絕非年輕的容貌所能媲美的。所以，但凡睿智成熟的具備慧眼的男人都會做出這樣的選擇：「我愛你現在倍受摧殘的容顏。」

　　按傳統的三不朽觀點，一個人，只有立功立德立言，才會不朽，其人生才會有價值。但楊絳先生則認為，愚夫愚婦，凡夫俗子，只要注重自身的修煉，就自有其價值。「人活一輩子，鍛煉了一輩子，總會有或多或少的成績。能有成績，就不是虛生此世了。」正所謂：匹夫匹父，各有品德；又像俗語說的那樣：「公修公得，婆修婆得，不修不得」。楊絳先生告訴我們，這裏的「得」就是得到的功德。一個人有多少功德就有多少價值。

　　楊絳先生用散文〈她的自述〉對自己的觀點作了「注釋」。這篇散文通篇是一個名叫秀秀的鄉下女人在自述身世。這個女人可以說是在苦水中泡大的，她4歲時得了重病差點死掉，後來父親又拋棄了她和母親，大饑荒年代又幾乎餓死，直到改革開放年代去北京給人家做保姆，她的生活才略有轉機。當保姆，雖衣食無憂，但畢竟是端人家的碗，吃人家的飯，還得看人臉色行事，難免有仰人鼻息，寄人籬下之感。所以，這個苦命的鄉下女人在回顧了自己大半輩子後，不由得大放悲聲：

　　我已經過了大半輩子。前面一半是苦的，便是那最幸福的五年，又愁吃愁穿，又辛苦勞累，實在也是苦的。後一半，雖說享福，究竟是吃人家的飯，夜裏睡不安，白天得幹活，也夠勞累。我真是只有芥子大的命嗎？我還是信主的呢。我吃了苦，為誰贖了什麼罪，只害老李犯了罪，做人好可憐。為了錢，吃苦；有了錢，沒用。我活一輩子是為了啥呀？

　　其實，按楊絳先生的觀點，這個可憐的女人自有其人生價值。她堅持自食其力，恪守做人道德，最困苦的時候不言放棄，最慘痛的遭遇也沒泯滅她內心的善念，不怨天不尤人，靠罕見的堅韌和驚人的忍耐，化解了生活的一次又一次打擊！穿越了人生中的一次又一次的驚濤駭浪，這，不正是她人生的意義和價值所在嗎！

　　有人曾說：「人在世間要受到許多痛苦與災難，但是，當人們身處這些痛苦與災難仍然能夠自覺地選擇某種道德及利他的行為時，他便無形中把痛苦與災難轉換成了某種人生的成就；因其有此成就，而使他在痛苦與災難之中獲得了意義與價值；因其有意義與價值，而使他有了活下去的願望與追求；因其有了這樣的願望與追求，他就有可能在最為艱難的處境下、在最最痛苦的狀態裏生存下去，從而使自我的生命保有了尊嚴，顯示出熠熠光輝來。」（見《書屋》2004 年第 6 期第 77 頁）

　　我想，這位窮苦的鄉下女人，就是因為「身處這些痛苦與災難仍然能夠自覺地選擇某種道德及利他的行為」而「無形中把痛苦與災難轉換成了某種人生的成就」，並因此使其生命「保有了尊嚴，顯示出熠熠光輝來」。

　　另外，楊絳先生還認為，哪怕是重病在身，生活不能自理的不幸者，其人生也並非沒有價值。那麼，這些重病纏身的人，其價值又如何體現了？楊絳先生的答案如下：「如果他們順從天意，承受病痛，同樣是為上帝服務，同樣是功德，因為同樣是鍛煉靈魂，在苦痛中完善自己。」

　　一個人的成就有大小之分，一個人的品質有高低之別，一個人的功德也有多寡之懸殊，但只要堅持修身，只要有完善自己的努力，他的人生就有價值和意義。人生的價值和意義在於修煉的過程而非修煉的結果！

　　除了自我的修煉，自我的完善，血濃於水的親情也是我們活著的理由和意義。

　　書中的一篇散文〈記比鄰雙鵲〉，讀來感人至深。一場急雨，沖毀了築在樹上的雀巢，剛出生不久的鵲雛因此夭折。小鳥的雙親在大樹上空，久久盤旋，不忍離去。目睹這一切的楊絳老人，平靜的外表下掀起一陣感情的波濤，鳥猶如此，人何以堪！親情是維繫家庭、社會的紐帶，對於步入風燭殘年的楊絳老人來說，對親人的懷念更是支撐她踽踽獨行的重要支柱！

　　美國作家歐·亨利名作《最後一片葉子》寫到一個年輕女畫家瓊希被肺炎擊倒，醫生問她的女友：「她心裏有值得思念的人嗎？」言下之意是，如果還有值得思念的人，那麼她就有了精神支柱，就能夠激發她的生活熱望，從而戰勝病魔。可見，失去親情，失去思念，人就會陷入空虛絕望，從而變得不堪一擊。

　　楊絳先生書中那篇〈勞神父〉，其內蘊更為豐厚，結構更為精巧，對這樣的傑作，如果不細嚼慢嚥，反覆品味，那實在是暴殄天物。

　　亞當和夏娃的故事眾所周知，他倆本來無憂無慮在伊甸園裏過著快樂生活，但在好奇心的驅使下偷食了禁果，最終被逐出了樂園。楊絳小時候，勞神父給她講了另一個故事：

　　從前有個叫花子，他在城門洞裏坐著罵他的老祖宗偷吃禁果，害得他吃頓飯都不容易，討了一天，還空著肚子呢。恰好有個王子路過，他聽到了叫花子的話，就把他請到王宮裏，叫人給他洗澡，換上漂亮衣服，然後帶他到一間很講究的臥室裏，床上鋪著又白又軟的床單。王子說：這是你的臥房。然後又帶他到飯廳裏，飯桌上擺著一桌香噴噴、熱騰騰的好菜好飯。王子說：這是我請你吃的飯；你現在是我的客人，保管你吃得好，穿得好，睡得好；只是我有一道禁令，如果犯了，立刻趕出王宮。

　　王子指指飯桌正中的一盤菜，上面扣著一個銀罩子。王子說：「這個盤子裏的菜，你不許吃，吃了立即趕出王宮。」

　　叫花子在王宮裏吃得好，穿得好，睡得好。日子過得很舒服，只是心癢癢地要知道扣著銀罩子的那盤菜究竟是什麼。過了兩天，他實在忍不住了，心想：我不吃，只開一條縫聞聞。可是他剛開得一縫，一隻老鼠從銀罩子下直躥出來，逃得無影無蹤了。桌子正中的那隻盤子空了，叫花子立即被趕出王宮。

　　講完這個故事，勞神父又把一個白紙包送給楊絳，對她說：「這個包包，是我給你帶回家去的。可是你得記住：你得上了火車，才可以打開。」

楊絳強按著好奇心，直到火車啟動了，才打開神父給他的包包，結果是撕開一層紙，裏面又是一層，她就這樣一層一層地剝著，終於從十七、八層的紙裏，剝出一隻精緻美麗的盒子，原來是一盒巧克力！楊絳吃了一顆，其餘的帶回家，「和爸爸媽媽一起吃，尤其開心。」回憶起這件事，楊絳說：「我雖然是個饞孩子，能和爸爸媽媽及一家人同吃，更覺得好吃。」

勞神父為什麼要給她講這個故事，當時的楊絳是這樣想的：「當時我以為是勞神父勉勵我做人要堅定，勿受誘惑。」勞神父為何要把巧克力一層一層地包著呢？當時的楊絳是這樣想的：「我直感激他防我受誘惑，貼上十七、八層廢紙，如果我受了誘惑，拆了三層、四層，還是有反悔的機會。」

不過，楊絳活到九十歲，對勞神父的用意有了新的理解：

> 我九十歲了，一人躺著，忽然明白了我九歲時勞神父那道禁令的用意。他是一心要我把那匣糖帶回家，和爸爸媽媽等一起享用。如果我當著大姐那許多同事拆開紙包，大姐姐得每人請吃一塊吧？說不定還會被她們一搶而空。我不就像叫花子被逐出王宮，什麼都沒有了嗎！九歲聽到的話，直到九十歲才恍然大悟，我真夠笨的！夠笨的！

楊絳說自己真夠笨的，直到九十歲才恍然大悟。我不這樣看，我覺得年輕的風華正茂的楊絳和年老的心如古井的楊絳，對勞神父的故事和禁令，必然有著不同的感受和解讀。年輕人血氣方剛，好奇心強，當然會從禁令中讀出誘惑的可怕；年老者，心事淡定，親情感重，自然會從禁令中讀出親情的可貴！所以，九十歲的楊絳對勞神父的話有

了新的認識，只能說明歲月的風霜賦予了她更深邃的目光，更廣闊的胸懷，從而使她對同一個故事同一道禁令有了和年輕時迥然不同的認識和領悟！

在書中〈胡思亂想〉一文中，楊絳寫道：

> 我想到父母生我、育我、培養我，而他們最需要我的時候，我卻不在身邊，跑到國外去了，還頂快活，只是苦苦想家。苦苦想家就能報答父母嗎？我每月看到陰曆十一夜的半個月亮，就想到我結婚的前兩夕，父母擺酒席「請小姐」的時候，父母不赴宴，兩人同在臥室傷感吧？我總覺得是女兒背棄了父母。這個罪，怎麼消？

雖然父母是不會怪罪子女的，但楊絳說：「可是我不信親人寬恕，我就能無罪。」

暮年的楊絳如此懺悔，自然是真誠的感人的，但也是於事無補的。因為，倘若時光倒流，回到從前，年輕的楊絳恐怕還會做出和當年一樣的選擇。年輕人心雄萬夫，渴望建功立業，嚮往自由和獨立，念念不忘「生活在別處」，所以，只要有機會，他們就會像海燕一樣飛向遠方；年老者曾經滄海，期盼歲月靜好，眷戀故土和親人，念茲在茲「葉落歸根」，只要有可能，他們就會像遊子一樣回歸故鄉。年輕人渴望一角藍天，放飛青春的夢想；年老者期盼一道港灣，安放疲憊的身心。艾青寫過一首短詩，題目是〈盼望〉：

盼望

一個海員說，

他最喜歡的是起錨所激起的那一片潔白的浪花⋯⋯

一個海員說，

最使他高興的是拋錨所發出的那一陣鐵鏈的喧嘩⋯⋯

一個盼望出發

一個盼望到達

　　我認為這首詩中的兩個海員，一個象徵「青年」，一個代表「暮年」，所以，一個渴望出發，一個期盼到達。九十歲的楊絳已「走到人生邊上」，她想的是儘快能在另一個世界與親人團聚，所以對當年遠離家人的「出發」產生了一種後悔和自責，然而不管年老者的懺悔多麼痛心疾首，年輕人奔赴他鄉的念頭依舊會如火如荼。

　　在我看來，年輕人「生活在別處」的憧憬和年老者「葉落歸根」的心情都是合理的必然的。事實上，只有「生活在別處」的人才會產生「葉落歸根」的心情，沒有「出發」的人，又何談「到達」！看來，楊絳老人的自責是對自己的苛求了。

　　巴烏斯托夫斯基對蒲寧的一篇小說有過這樣的評價：「它不是小說，而是啟迪，是充滿了怕和愛的生活本身。」我想，倘用這句話來形容楊絳先生的新著，也是很貼切的。這本書是一個智慧老人在「人生邊上」的「自問自答」，也是生活的啟迪，是怕和愛的生活本身。

註釋

文中引文均出自楊絳著：《走到人生邊上——自問自答》，商務印書館，2007年出版

馬原的「錯誤」
——細讀馬原《細讀精典》

上世紀的八十年代，作家馬原算得上是一位風雲人物，然而風頭正勁的他卻不知何故突然放棄了小說創作，改行去了同濟大學任中文系教授，於是便有了這本由講稿而來的書——《細讀精典》。

如果你讀過馬原這本《細讀精典》，你會發現他的這本書其實就是他的授課講稿。作為本書的作者，馬原似乎在追求一種現場感，他在課堂上怎麼講的，書上就怎麼印。這樣做妥當嗎？或者說他有資格這麼做嗎？有過授課經驗的人都知道，教師上課時難免會說些廢話、套話，且口語表達不可能多考究多嚴密，所以把授課錄音幾乎不加整理、不做潤色就直接出版實在是一件冒風險的事，在我看來，只有真正的大師，如維特根斯坦、陳寅恪、魯迅等，他們的講課稿才有資格直接出版。而馬原至少現在還不能和這些真正的大師相提並論，他這樣做，只能讓書中充斥著錯訛和偏見。

一本書有錯訛和偏見也許並不是什麼了不得的事，有道是：無錯不成書嘛！不過，馬原是教師，這本書又是他的講稿，出了錯，就會誤人子弟，那麼，茲事體就變「大」了。

若干年前，馬原短篇小說《錯誤》讓讀者眼睛一亮，而今天，作為教師，作為《細讀精典》作者的馬原所犯下的錯誤，卻只能讓人眼前發黑了。

麥卡勒斯的「破綻」？

麥卡勒斯的《傷心咖啡館之歌》當然是經典。在分析這篇小說時，馬原轉述了作品的故事情節，對女主人公艾米利和其前夫馬文決鬥那一段，馬原的敘述如下：

> 前頭大約進行了半小時，雙方發生了變化。馬文忽然一把抓住艾米利的胳膊，想把她往後背過去，艾米利的機會來了。

真實情況並非如此，因為麥卡勒斯的原文是這樣的：

> 雙方已經揮出了好幾百拳，但局面還僵持著。這時馬文突然設法抓住了艾米利小姐的左臂，並且把這條胳膊扭到她的背後去。她使勁掙扎，抓住了馬文的腰；真正的格鬥這時才算開始。

你看，一個說「艾米利的機會來了」，一個說「真正的格鬥這時才算開始」，兩者是一回事嗎？

在馬原接下來的敘述中，他露出一個明顯的破綻，經一位細心的同學的提醒，他毫不猶豫地把自己的破綻推給了麥卡勒斯。

馬原：「艾米利渾身臭汗，她是那種汗毛很重的人，她的新陳代謝特別好，而馬文是不出汗的。在這些回合裏面，儘管馬文表現得非常好，他汗出得少，保存了一些體力，但事實上，他有他的難過。他一抓艾米利的手，艾米利就一滑，他抓不牢抓不實。而他呢，乾乾的皮膚，艾米利手上正好有汗，濕抓乾，她制服馬文的機會突然就來了。有同學提醒：馬文身上不是塗了油嗎？馬原恍然大悟，隨即說：「忘了。

麥卡勒斯一定是忘記了。你看我讀的時候都忘了。這就是破綻，再好的小說也會有破綻。」

馬原確實是忘了決鬥前「馬文往身上塗油」的那個細節，麥卡勒斯卻沒忘。請看麥卡勒斯的原文：

> 馬文・馬西仍然一滴汗未出，而艾米利小姐連工褲都已經濕透，大量汗水沿著她的腿往下淌，她走到哪兒，就在哪兒的地板上留下濕的腳印。現在考驗的時刻來臨了，在這嚴峻的關頭，更強者是艾米利小姐。馬文・馬西身上有油，滑溜溜的，不易抓牢，可是艾米利小姐力氣更大些。逐漸地她把馬文・馬西往後按，一英寸一英寸地逼得他貼緊地面。

你看，麥卡勒斯特別提醒讀者「馬文・馬西身上有油，滑溜溜的，不易抓牢」，艾米利是靠力量把對方「往後按」，這才「一英寸一英寸地逼得他貼緊地面」的。看來，所謂艾米利靠「濕抓乾」的方法制服對方，完全是馬原的自由發揮，想當然耳，而當學生提醒他馬文身上不是塗了油嗎？他意識到自己敘述上的破綻，情急之下，就讓麥卡勒斯來背黑鍋，反應雖快捷，避免了自己的尷尬，但卻傷害了作者，誤導了學生。

在這章裏，馬原還談到了麥卡勒斯描寫人物心理的一種方法，馬原關於心理描寫的武斷看法令我難以苟同。

> 艾米利是個摔跤手，一生鮮有敵手，是那種戰無不勝的摔跤手。但艾米利看所有的一切發生，很平靜。她心裏想什麼，麥卡勒斯沒告訴我們。麥卡勒斯在這點上有點像我。我寫人物的時候

不大寫人家想什麼。這是很愚蠢的。你坐我對面，你心裏想什麼，我怎麼知道！你肚子裏有什麼鬼胎，我肚子裏有什麼鬼胎，我也不知道你，你也不知道我。作家也不是人家肚裏的蛔蟲。麥卡勒斯在這一點上很有原則。基本上她不走進她人物的內心，她只是告訴我們發生了什麼，她的這個人物的行為動作，是視覺的，是聽覺的。他做了什麼我們是以視覺的方式得到的，他說了什麼我們是以聽覺的方式取得的。他想什麼麥卡勒斯不告訴我們。她恪守了一個我覺得是聰明的小說家絕對要恪守的原則─不要試圖走進人物的內心，去做他肚裏的蛔蟲。

馬原這番話說得太武斷。是的，作家不是別人肚裏的蛔蟲，但作家筆下的人物是他自己創造的，他怎麼可能不瞭解他們的內心世界呢？換句話說，如果作家拒絕走進筆下人物的內心──像馬原說的那樣，那麼，他還能把筆下的人物塑造得那麼血肉豐滿嗎？作家可以通過描寫人物的動作、語言來揭示人物的心理，也可以直接剖析筆下人物的心理，到底採用何種方法，要由具體環境，具體對象來定，而不是一成不變地恪守馬原所說的原則──「不要試圖走進人物的內心」。

事實上，文學史上公認的大家如莎士比亞、托爾斯泰、陀斯妥耶夫斯基、福樓拜、吳爾芙等從來沒有恪守馬原認為「聰明的小說家」「絕對要恪守的原則」──「不要試圖走進人物的內心」。難道說這些大家雖然足夠偉大卻不夠聰明？

福樓拜寫《包法利夫人》時，就不止一次地「試圖走進人物的內心」。面對一個在路上揀來的綠綢雪茄煙匣，包法利夫人陷入幻想之中：

她瞧著煙匣，把它打開，聞聞襯裏的味道，聞到的是馬鞭草香精加煙味。這是誰的？……是子爵的吧。說不定還是一個情婦送給他的禮物呢。這是在一個紅木棚架上繡出來的，情婦把繡架當寶貝似的珍藏起來，生怕人家發現，她在這上面花了多少時間呵！輕柔的捲髮吊在繡架上，吊的是刺繡人的重重心事。愛情的氣息浸透了繡花底布上的一針一線；每一針扎下的不是希望，就是回憶，這些縱橫交錯的絲線，不過是在默默無言、不絕如縷地訴說著情人的心而已。然後，一天早上，子爵把煙匣帶走了。當煙匣放在寬闊的壁爐框上，放在花瓶和彭巴杜風格的座鐘之間時，它聽見子爵說過些什麼話呢？現在，她在托特。他呢，他在巴黎，多麼遙遠！巴黎是什麼樣子？名聲大得無法衡量！她低聲重複這兩個字，自得其樂；這個名字在她聽來有如嘹亮的教堂鐘聲，印在香脂瓶的標籤上也閃閃發光。

夜晚，海魚販子駕著大車，走過她的窗下，口裏唱著「茉茶藥」之歌，把她吵醒了；她聽著鐵軲轆轉出村莊，越走越遠，在土路上，響聲也越來越小。

「他們明天就到巴黎了！」她自言自語。

於是她的思想也跟著他們上坡下坡，穿過村莊，在星光下，在大路上奔波。不知道走了多遠之後，總會到達一個模模糊糊的地方，於是她的夢就斷了。

如果福樓拜恪守馬原所謂絕對要恪守的原則「不要試圖走進人物的內心」，那他還能把包法利夫人的內心寫得如此細膩、如此逼真嗎？

福樓拜在給朋友的信裏曾這樣寫道：

> ……我的想像的人物感動我，追逐我，倒像我在他們的內心活
> 動著。描寫愛瑪·包法利服毒的時候，我自己的口裏彷彿有了
> 砒霜的氣味，我自己彷彿服了毒，我一連兩次消化不良，兩次
> 真正消化不良，當時連飯我全吐了。……包法利夫人，就是
> 我！——根據我來的。
>
> （轉引自《大學文學讀本》王光東主編，廣西師範大學出版社
> 2007 年 5 月出版第 334 頁）

從福樓拜這番話可看出，作家要遵循的原則與馬原所說的恰恰相
反——「要試圖走進人物的內心，去做他肚裏的蛔蟲。」

另外，麥卡勒斯也沒有像馬原說的那樣，恪守了這一原則，麥卡
勒斯認為自己的著名作品《婚禮的成員》具備佛吉尼亞·吳爾芙的風
格，這說明什麼？說明她並非像馬原說的那樣「基本上她不走進她人
物的內心」，而是恰恰相反。

馬原所說的「原則」和余華所說的「內心之死」有點相似。余華
在其發表於《讀書》雜誌上文章〈內心之死〉中寫道：

> 在這裏，我想表達的是一個在我心中盤踞了十二年之久的認
> 識，那就是心理描寫的不可靠，尤其是當人物面臨突如其來的
> 幸福和意想不到的困境時，對人物的任何心理分析都會局限人
> 物真實的內心，因為內心在豐富的時候是無法表達的。……。
> 這似乎是敘述裏最大的難題，我個人的寫作曾經被它困擾了很
> 久，是威廉·福克納解放了我，當人物最需要內心表達的時候，

我學會了如何讓人物的心臟停止跳動，同時讓他們的眼睛睜開，讓他們的耳朵矗起，讓他們的身體活躍起來，我知道了這時候人物的狀態比什麼都重要，因為只有它才真正具有了表達豐富內心的能力。

和馬原相比，余華的表述要穩妥得多，余華認為心理描寫不可靠是對一種特殊情況而言，也就是在「人物面臨突如其來的幸福和意想不到的困境時」，余華說：「我知道了這時候人物的狀態比什麼都重要」，注意，是「這時候」而非任何時候。在某種特殊情況下，由於心理描寫十分艱難，作家迫不得已，只得退而求次，通過刻畫人物的狀態來揭示人物豐富的內心世界，這是一種無奈的選擇而非馬原所說的在任何時候都應「絕對」恪守的所謂「原則」。退一步來說，即使余華完全同意馬原的觀點，那又能說明什麼呢？說明余華和馬原都是堅守「原則」的「聰明的小說家」，令人遺憾的是，那些文學史上的偉大的作家卻不屑於做這樣的「聰明的小說家」。

馬原為什麼要說這樣武斷的話？難道非得把話說得片面，才能抵達深刻？難道非得把話說得偏激，才能振聾發聵？然而，教師的職責是傳道、授業、解惑而非聳人聽聞。

對於作品中的「小羅鍋」李蒙表哥，馬原的說法也不能令人信服。他的看法與麥卡勒斯的本意有很大的出入。

馬原的話：「但事實上，我們從故事裏知道，李蒙又是咖啡館興旺的最主要的原因，做生意是要有親和力的，要有人緣的。艾米利是沒有這人緣的，她可以生產東西，但是不可以銷售什麼東西，她不可以

做市場的,能夠做市場的是李蒙表哥。這個不奇怪,李蒙性格特別好,他跟顧客打成一片,特別有親和力。」

我不知道馬原憑什麼說李蒙表哥具有親和力?其實,麥卡勒斯在作品中根本沒有這樣說。作品裏的李蒙表哥是個外表難看的畸形人:「那人是個駝子,頂多不過四英尺高,穿著一件只蓋到膝頭的破舊藍縷的外衣。他那雙細細的羅圈腿似乎都難以支撐住他的大雞胸和肩膀後面那隻大駝峰。他腦袋也特別大,上面是一雙深陷的藍眼睛和一張薄薄的小嘴。他的臉既鬆軟又顯得很粗魯。」

這樣的人並不具備什麼親和力,但往往因為外表畸形顯得可憐從而喚醒了人們內心的同情和憐憫。人們願意親近這樣的不幸者,是出於內心的對不幸者的同情和憐憫,而並不是說這些不幸者本身具備什麼親和力。對此,麥卡勒斯在作品中有特別的說明:「有這麼一種人,他們身上有一種品質,使他們有別於一般更加普通的人。這樣的人具有一種原先只存在於幼兒身上的本能,這種本能使他們與外界可以建立更直接和重大的聯繫。小羅鍋顯然就是這樣的一個人。」

麥卡勒斯特別說明這是一種「原先只存在於幼兒身上的本能」,也就是一種因弱小無助而喚起人們內心的同情、憐憫、乃至哀憐的「本能」,麥卡勒斯所說的「本能」與馬原所說的「親和力」絕非一回事。馬原這樣解釋李蒙表哥,如果不是出於粗疏,那就是一種誤讀。

馬原說,做生意要有親和力,而李蒙具備親和力,所以咖啡館的生意就紅火起來。我同意馬原的這一看法:「李蒙又是咖啡館興旺的最主要的原因」,但李蒙並非靠他的親和力而使生意好起來,他是靠他奇

特的外表來吸引顧客的，麥卡勒斯在作品裏已經交代了這一點：「那羅鍋仍然是個稀罕之物，他在場使每一個人都覺得新鮮。」

在分析《傷心咖啡館之歌》時，馬原還談到了福克納的短篇《獻給艾米利的玫瑰》，馬原說：「比如福克納的《獻給艾米利的玫瑰》，一個關於女人的故事，裏面的女主人公也叫艾米利，她是一個老貴族，公開把自己的情人毒死了，鎮子上想跟她交涉，卻又懾於她的權威。」在我看來，馬原這句信口開河真的很要命，因為它一下就瓦解了福克納這篇小說的魅力。我們知道，在《獻給艾米利的玫瑰》裏，艾米利決不是「公開」殺了自己的情人，她的殺人行為可以說是神不知鬼不覺。為了使小說顯得撲朔迷離，福克納煞費苦心，動用了時序顛倒、象徵暗示等手法，使得整篇小說猶如一座迷宮。作為讀者，必須像訓練有素的偵探，手持放大鏡，不放過任何可疑的蛛絲馬跡，才有可能揭穿謎底，識破真相——原來是艾米利殺死了自己的情人，並和屍體同床共枕了半輩子！當讀者為駭人的真相所震驚的同時，也陶醉於破案成功的喜悅中。

如果福克納的筆下，艾米利是「公開」殺了自己的情人，那這篇小說的特有的陰鬱怪誕、撲朔迷離的魅力將蕩然無存。

奧康納：「先天藏著一份邪惡」？

馬原在書中還談及美國天才短篇小說家奧康納的兩篇傑作〈好人難尋〉、〈善良的鄉下人〉。〈好人難尋〉說的是一家人去旅行，路上老太太想拐回老家的一處宅子看看，回途中車子翻了，人卻沒受傷，但

卻與一個越獄逃犯——自稱「不合時宜」的人狹路相逢，結果一家均被殺害。

馬原在講述了小說的故事梗概後，得出如下結論：「我不知道你們在我講這個故事之後作何感想。但是我讀了之後，我的直感，我的第一直感，當我二十多年前讀這篇小說的時候，我的直感是這樣的，我覺得，要讓這個老太太閉上嘴，就像這個不合時宜的人在最後說的那樣：她要是一輩子有個人沒完沒了地衝她開槍射擊，她也許會是個好女人。」

在我看來，馬原的這個「第一直感」完全不準確，因為他根據越獄逃犯的話來解剖作品，而無視作品的標題是——「好人難尋」。越獄逃犯認為老太太太囉嗦，才講了這句惡毒的話，難道奧康納是通過越獄逃犯的話來表示自己對這個老太太的厭惡？當然不可能。因為在作品中，老太太確實有點饒舌，但卻並不令人討厭。出門旅行前，老太太還帶上她喜愛的貓：「第二天早晨，祖母第一個進了汽車，準備好出發。她把那個看上去像個河馬頭的黑色大旅行包放在一個角落裏，皮包下面，她藏了一隻籃子，裏面放著那只名叫皮蒂‧辛的貓。她不想讓貓單獨留在家裏，因為貓會非常想念她的，她還擔心貓一個不巧會在煤氣灶上擦擦身子，意外的窒息而死。」這樣一個細心、有愛心的老太太，作者有什麼理由厭惡她呢？在旅行途中，老太太不許兩個孩子把盒子和餐巾紙扔到窗外，如果奧康納討厭這個老太太，她有必要寫這個細節嗎？老太太在途中還要兒子把車子開到老宅子去看看，因為她在那裏度過了快樂的年輕時光。我們知道，一個懷舊的人往往是重感情、心腸軟的。以上這些細節已足以說明，作者奧康納不可能通

過越獄逃犯的口來表達她對老太太的厭惡——沒有證據表明奧康納像逃犯那樣對老太太心懷惡意。

越獄逃犯在殺死老太太後為何要說出那句惡毒的話呢？只有聯繫上下文才有可能弄懂作者的用意。

> 他（逃犯）的聲音似乎要啞下去了，祖母的頭腦清醒了一陣。她看到那個人的扭歪著的臉跟她的臉靠得很近，他像是要哭的樣子。她低聲說道，「奧，你也是我的孩子。你是我的孩子之一！」她伸出手來，摸摸他的肩頭。逃犯往後一跳，像是被蛇咬了一口，然後對著她的胸連開三槍。

逃犯為何「像是被蛇咬了一口」？因為老太太慈祥的舉止喚醒了他內心殘存的一點點良知，他害怕老太太再說下去，自己意志或許會崩潰，泯滅殆盡的良知也許會復甦，所以慌忙連開三槍。接下來，出於惱羞成怒，他才說了那句惡毒的話「她要是一輩子有個人沒完沒了地衝她開槍射擊，她也許會是個好女人」。說完這句話，同夥奉承他一句「真有趣！」沒想到他卻大光其火：「住嘴！生活中從沒有真正的樂趣！」這句話說明，老太太慈祥的舉止仁慈的話仍讓他耿耿於懷，他已經意識自己的行為是傷天害理的，所以此刻既惱羞成怒也心亂如麻，也就不會認為自己那句刻毒的話多麼有趣，同夥的恭維自然不會讓他有好感。

那麼這篇小說到底要表達什麼樣的意圖呢？其實，小說的標題已告訴了我們：好人難尋。在小說中，祖母和一位雜貨鋪老闆薩米有這樣一段對話體現了作者寫這篇小說的意圖。

　　「好人難找啊，」紅臉薩米說。「一切都變得糟透了。我記得那
　　個時候，你可以離開家，連紗門也不必閂上，現在這種日子是
　　一去不復返了。」

　　他跟祖母談論著過去的好時光。老太太說，她認為情況糟到現在
這種地步全要怪歐洲。她說，歐洲的所作所為會使人以為我們是用錢
堆成的。

　　這段話已經使小說的主題明朗化了，作者寫的是今昔對比，過去
民風淳樸，現在人心不古——所以才「好人難尋」嘛。而且作者還暗
示現在世風敗壞的原因是「一切向錢看」，由於物欲的氾濫，拜金主義
猖獗才導致「好人難尋」的局面的。

　　在我看來，這篇小說與海明威的《殺人者》有異曲同工之妙。在
《殺人者》那篇小說裏，那個被殺手追殺的人為何在聽到消息後無動
於衷呢？因為他知道，在一個暴力事件不斷的社會裏，你既然無法逃
到民風淳樸的昔日，那你只好靜等命運的安排了。他的無動於衷流露
出他對世風敗壞的當時美國社會的一種哀莫大於心死的絕望。奧康納
的〈好人難尋〉則告訴我們，既然身處一個「好人難尋」的動亂時代
中，全家被殺的慘劇遲早會發生。至於誰、在什麼時候、被哪個兇手
所殘害，那就只好聽憑老天的安排了。所以，老太太一家遇害，完全
是動亂的社會裏必然的慘劇，而不是像馬原說的那樣——是老太太的
嘮叨惹的禍。

　　由於對奧康納的誤解，認定奧康納因為討厭老太太的嘮叨，才在
小說中借越獄逃犯之手對其予以嚴懲——將其殘忍地槍殺。馬原因此
得出更為離譜的結論：

　　但是把這篇小說讀完後，我仍然有一種很直接的疑問。因為我不能夠理解，一個人因為饒舌，因為討人嫌，就該被殺掉。我一直是有一些比較固執的念頭，就是我在講課時提到過，人殺人是特別嚴重的問題。沒有什麼比人殺人更嚴重的，因為他和他一樣，上帝分別給他們各自一條命。他，兇手，取掉了他的命，這點是我覺得嚴重的。可能是因為這個，我（我知道很多國家不贊成死刑）也不贊成死刑。我也知道有一些罪惡是不能饒恕、不能寬恕的。但是，我仍然是一個反對人殺人的人。所以她講這個故事的時候，我覺到這個女人內心，就是先天藏著一份邪惡。

　　我認為馬原的「疑問」、「不能夠理解」完全是庸人自擾、杞人憂天，因為在奧康納這篇小說中，老太太被殺決非因為饒舌，所以馬原建立在誤讀基礎上「疑問」「不能夠理解」聽起來很可笑。另外，如果馬原這種說法成立：一個故事有殺人事件，講這個故事的人的內心，「就是先天藏著一份邪惡」，那麼，生活中的你、我、他都是如此，也就是說大家心裏都「先天藏著一分邪惡」。既然人人都有，還有必要在書中嘮叨嗎？馬原不是很討厭嘮叨嗎？

　　〈善良的鄉下人〉的故事情節很簡單，小說裏有一個名叫歡姐的三十來歲的老姑娘，幼年時在一次狩獵事故中，她的一條腿被炸斷，只好裝了一條假肢。歡姐有哲學博士學位，自以為看破紅塵，沒想到一個推銷聖經的年輕人──「善良的鄉下人」幾句甜言蜜語就俘虜了她，成功地將其戲弄一番。歡姐的媽媽──霍普韋太太對此毫不知情，當她看到那個年輕人離開時，竟對年輕人做出這樣評價：「他肯定是去

向後邊那些黑人賣聖經了。他頭腦真簡單，如果我們都這麼樣，世界就太平多了。」

馬原在分析這篇小說時竟得出這樣的結論：

> 你們看，讀這個小說吧，你就覺得這個作家真是邪惡到極點了。她甚至不肯原諒一個有殘疾的，差不多還是女孩子的女人。她沒有過愛，沒有過性，沒有過孩子。她只有一個博士學位，只有滿腦袋糨糊。奧康納甚至連她都不放過。她讓一個可以和她本人的邪惡相提並論的賣《聖經》的小野子去懲罰一個聰明、自負，又有殘疾的女孩，讓他把奧康納的蔑視、殘忍重重地送給歡姐，送給這個年輕的女哲學家。

細讀小說，我們發現，作者奧康納在這篇小說中諷刺了兩類人，一類是歡姐和她的母親。歡姐讀了很多書，有博士學位，但她並沒有真正掌握這些知識，比如她曾對她母親說：「女人，你可曾內省？你可曾內省以發現自己之不足？天啊！馬勒布朗士說得對：我們沒有自知之明，我們沒有自知之明！」你看，她說起來頭頭是道，但生活中的她恰恰沒有「內省以發現自己之不足」，也「沒有自知之明！」所以，「善良的鄉下人」幾句甜言蜜語就讓她昏頭昏腦找不著北了。奧康納諷刺的是「知識者」的傲慢；歡姐的母親以為自己是城裏人，瞧不起鄉下人，結果被對方耍了還蒙在鼓裏，通過這個形象，作者諷刺的是「城裏人」的傲慢！另一類是賣《聖經》年輕人和歡姐家的傭人弗里門太太，他們來自鄉下，外表貌似淳樸但內心十分齷齪，特別喜歡打探別人的隱私——對別人的傷口（無論是肉體上的還是心靈上的）都特別著迷。

比如，弗里門太太就對歡姐的假腿十分著迷，請看文中這段：

> 她（歡姐）身上似乎有什麼東西把弗里門太太迷住了；一天她
> 才明白過來，原來是她的假腿。弗里門太太對於不可告人的毒
> 症、深藏不露的殘疾、侮辱女孩的醜行，特別喜歡尋根問底。
> 而疾病之中，她尤其欣賞百醫罔效的不治之症。赫爾格聽過霍
> 普韋太太一五一十地敘述那次狩獵事故經過，說明一下子就把
> 腿炸斷了，歡姐始終沒有喪失知覺。弗里門太太百聽不厭，好
> 像還是剛剛發生的事。

那個賣《聖經》的年輕人也是如此，他就是通過拆卸歡姐的假肢來戲耍歡姐的。

對這兩類人的缺點，作者都予以諷刺和揭示，而沒有厚此薄彼，更沒有借某類人來懲罰另一類。歡姐和她母親的傲慢、自以為是固然令人討厭，但「善良的鄉下人」的奸詐和邪惡則更令人不恥。沒有任何跡象表明作家奧康納是「蔑視」歡姐的，也沒有任何跡象表明奧康納是借「善良的鄉下人」之手來懲罰歡姐的。在我看來，奧康納不過是揭露了一個真相而已——自以為是的「城裏人」是傲慢的也是愚蠢的，貌似「頭腦簡單」的「鄉下人」是奸詐的也是齷齪的。

小說中，邪惡的是這個賣《聖經》的年輕人，他利用歡姐的弱點玩弄了這個可憐的老姑娘的感情。但我們不能據此就認為作者是「通過他去懲罰一個聰明、自負，又有殘疾女孩，讓他把奧康納的蔑視、殘忍重重地送給歡姐，送給這個年輕的女哲學家」。馬原憑什麼說作者奧康納對歡姐是殘忍的、蔑視的，難道就因為她上了那個年輕人的當，被那個邪惡的年輕人所侮辱？如果一個作家在小說中寫了一個歹徒誘

姦了一位弱智少女，那就表明這個作家是邪惡的，是通過這個歹徒來懲罰一個有殘疾的女孩，讓歹徒把作者的「蔑視、殘忍重重地送給」那個被侮辱的女孩？這能說得過去嗎？

　　余華的《活著》裏，福貴只有一根獨苗叫有慶，結果這孩子卻被區長的車子撞死了，按馬原的邏輯，余華可謂「真是邪惡到極點了」，他借區長的車子懲罰了福貴，通過區長的車子，把余華的蔑視、殘忍重重地送給福貴，送給這個只有一根獨苗的可憐的男人。

　　在奧康納這篇小說中，歡姐確實是傲慢的、自以為是的、也是愚蠢的，但這並不等於說那個「善良的鄉下人」就有資格玩弄她的感情，更不能說，作者是通過「善良的鄉下人」玩弄歡姐這個情節表示作者對這個愚蠢女孩的蔑視和厭惡。

　　在我看來，這篇小說表現了作者奧康納對人性的洞燭幽微，她熟諳歡姐傲慢背後的愚蠢，也洞察「善良的鄉下人」心中的邪惡，於是在作品將其揭示出來。作家在作品中揭示邪惡，並不等於他或她就是邪惡到極點的人，更不能像馬原這樣想當然地認為揭示邪惡的作家就一定站在邪惡者這一邊。

「辛格的小說又處處都有經典」？

　　馬原在本書中有一章是專門分析辛格小說：《市場街的斯賓諾沙》。這章內容很多，但很多是題外話。涉及到辛格作品的只有這樣一段話：

> 辛格是一個寫故事的作家，從骨子裏說，我最敬佩的作家就是寫故事的作家，他始終都在講故事。而且他特別討厭在故事當

中帶有強烈的目的性，比如訓誡等各式各樣的意圖。從這一點來說，我很欣賞。翻遍辛格的小說，幾乎看不到哪些地方在談哲理，但從另外一個方面來看，辛格的小說又處處都有經典。

我們知道，辛格的小說確實了不起。先鋒作者魯羊曾這樣談辛格的小說：「辛格是一個了不起的作家，他寫得非常的從容、平淡，帶著一種非常寬鬆的或者是柔和的氣息，但他寫的東西很感動我，我永世難忘的可能有他的兩篇：〈市場街的斯賓諾沙〉和〈傻瓜吉姆佩爾〉，我曾經反覆地朗誦給不同屆的學生聽，更讓我感到幸福的是，我曾經教過的學生他們反過來給我朗讀它們，那個時侯我特別喜悅特別高興，因為這太好了，我給他們那麼多人朗誦，他們給我一個人朗誦，這樣的時侯有幸福感，我覺得我終於說這個是好東西，然後他們試了試，用他們的味覺試出是好東西，然後他們又反過來把這個資訊傳給了我，這感覺特別好。」

著名作家蘇童對辛格也是推崇倍至，他說：「辛格的令人尊敬之處在於他的樸拙的小說觀，他總是在『人物』上不惜力氣，固執己見地種植老式猶太人的人物叢林，刻畫人物有一種累死拉倒的農夫思想，因此辛格的人物通常是飽滿得能讓你聞到他們的體臭。」

三人對辛格作品的讚歎各有側重。一曰「始終都在講故事」（馬原），一曰「非常的從容、平淡，帶著一種非常寬鬆的或者是柔和的氣息」（魯羊），一曰「人物通常是飽滿得能讓你聞到他們的體臭」。魯羊的話來自一次訪談，蘇童的話出自一篇散文，因篇幅關係，兩人對此話題未作進一步闡述。馬原這一章是專門分析辛格及其《市場街的斯賓諾沙》，理應分析得細緻一些，然而馬原這一章，前半部分講了很多

題外話，後半部分則是講述了《市場街的斯賓諾沙》的故事梗概，所以，儘管他滔滔不絕，而作為讀者的我們卻是一頭霧水。因為，他只有「大膽的假設」——「辛格的小說又處處都有經典」而未作「小心的求證」。

　　在馬原的這本由教案而來的書中，粗率的概述多於細膩的品味，籠統的評價多於準確的把握，泛泛而談多於精細剖析，倘若把書名《細讀精典》改為《漫談精典》，那就準確多了。

註　釋

文中引文均出自馬原著：《細讀精典》，復旦大學出版社，2007 年 12 月出版

「要緊的是不管搞哪一行，千萬不要作第二等的題目。」
——何炳棣《讀史閱世六十年》讀後

　　何炳棣，畢業於清華大學，後赴美攻讀英國史，獲哥倫比亞大學史學博士學位。何氏學識淵博，視野遼闊，是海外中國學界公認的中堅人物。1965 年至 1987 年何炳棣任芝加哥大學歷史系湯遜講座教授，也是被聘為講座教授的首位華裔史家。

　　何炳棣堅信卓絕必出自艱苦。他的功成名就完全來自他的堅忍不拔和自強不息。

敬始慎終，磨煉意志

　　何炳棣曾說：「身教言教對我一生影響最深的莫過外祖母張太太。」外祖母在他幼年時所說的一句話，他終生銘記在心。小時候，每次吃飯時，外祖母就會對他說：「菜肉能吃儘管吃，但總要把一塊紅燒肉留到碗底最後一口吃，這樣老來才不會吃苦。」何炳棣認為，祖母這句話讓他終生受益。直到晚年，想到祖母的教訓，他仍不由得大為感慨，說：「請問：有哪位國學大師能更好地使一個五、

六歲的兒童腦海裏,滲進華夏文化最基本的深層敬始慎終的憂患意識呢?!」

　　祖母這句話,使何炳棣一生都不敢有絲毫的懈怠,不論何時,不論做何事,他都要做到敬始慎終,一絲不苟。當然,要做到這一點,必須有堅強的意志。所以,幼年起,何炳棣就有意識地給自己加壓,磨煉自己的意志。

　　一年除夕,全家都去劇院包廂看戲,何炳棣平素也是個戲迷。那天晚上,臨動身前,他突然想考驗一下自己的意志,能不能在大年三十的晚上,放棄享樂,堅持讀書?於是,他決定不去看戲,而是獨自待在家中,背誦林肯的著名演說,一遍又一遍,直至背熟。這一次的磨煉成功,不僅讓他養成了自我加壓自我磨煉的習慣,也讓他對自己克服惰性戰勝困難有了足夠的底氣和信心。

　　意志堅強的人,不但能經受挫折的打擊,還能從挫折中獲益。何炳棣就是這樣的人。

　　考取清華後,第一次月考,何炳棣的西洋通史考了89分,最高分是91分,按理,這樣的分數不算低了,換了旁人,或許很滿足了。但何炳棣卻對自己不滿意。他對此次考試做了如下的自我檢討:「分數並不太重要,最重要的是自我檢討——何以如此用功而不能獲得應有的報酬;讀書思維習慣如不認真改善,將來怎能應付全國競爭的留美或留英考試。」檢討之後,何炳棣決心就以這門西洋通史作為磨煉意志的對象,「此後務必先求徹底牢記消化基本教科書中的大問題和細節,然後抽讀較高層次參考書中的精華」,爭取在考試答題時既準確無誤又富有深度。果然,第二次月考,何炳棣得了99分,為全班之冠。

　　這次的成功，讓何炳棣懂得，讀書、治學，只能「紮硬寨，打死仗」，不能存半點僥幸心理，也根本沒有什麼捷徑可走。

　　赴美攻讀，取得西洋史博士學位後，何炳棣想把研究目標從西洋史轉向中國史，不過一位飽學的學長卻告訴他，從高深的西洋史研究轉向中國史研究大約需要五年的過渡期。然而，何炳棣只花了三個月時間，就寫出了長達一萬五千字的關於中國十八世紀商業資本研究的學術論文。何炳棣寫這篇論文，是受到一位學長的啟發。一個偶然的機會，何炳棣看到這位老學長所寫一篇研究「商籍」的短文，他因此瞭解到清代的「商籍」並不指一般商人，而僅僅指兩淮等幾個鹽區為鹽商子弟考生員所設的專籍。此文讓何炳棣眼界大開，他由此聯想到，古老的中國，歷代制度上的若干專用名詞不能望文生義，這些專門名詞的真實內涵和演變過程值得認真梳理、考辯，於是，他確立了研究對象──兩淮鹽商。能從一篇短文中獲得重大啟示，說明何炳棣目光之敏銳，但倘若沒有廣博豐厚的歷史知識，沒有對歷史的長久而深入的思考，敏銳的目光從何而來？

　　這篇論文很快被著名的《哈佛亞洲學報》採納，表明何炳棣已成功轉向。三個月時間就能「跳過龍門」，與其讀書治學的「紮硬寨，打死仗」有很大關聯。

　　人人都有惰性，都有懈怠的時候，何炳棣也不例外。但何炳棣卻用一種「自我詛咒」的辦法摧毀自己的惰性。在北京上學，聽戲很方便，何炳棣自小是個戲迷，現在近水樓臺，自然心癢難耐，一到週末就想去看戲，然而每次想去看戲時，何炳棣就開始「自我詛咒」：「在清華讀書期間如果進城去聽一次京戲，留美或留英考試就必名落孫山。」這樣一「詛咒」，看戲的念頭也就嚇跑了。其實，偶爾看一次戲，

並無多大害處，但何炳棣認為，看了第一次就想第二次，看了楊小樓就想看郝壽臣，惰性就像野草，瘋長起來就「野火燒不盡」了，於是他來個「斬草除根」，杜絕了第一次，也就杜絕了懶惰、鬆懈的源頭。

何炳棣在美國求學，幾乎長年躲在圖書館裏找資料、做筆記，這樣的日子極其枯燥。為了堅持下來，每天晚上，圖書館閉館後，何炳棣走到大街上，會深深吸一口清新的空氣，內心裏大吼一聲：「看誰的著作配藏之名山！」他就是用這樣高遠的目標激勵著自己，戰勝艱辛戰勝懈怠，從而寫出厚重的影響深遠的學術著作。

「盡人事，聽天命」

人生中總會遭遇一些不期而至的變故，這時候，是逆來順受束手就擒，還是挺身而出勇敢面對？何炳棣選擇的是後者。

1940 年，何炳棣首次參加留美公費生考試，結果鎩羽而歸。他以最短的時間調整了心態，又投入到緊張的復習當中，決心在下一次考試中脫穎而出。不久，有消息說，教育部調整了公費留學考試的科目，西洋史專業被取消。這對厲兵秣馬的何炳棣來說，無異於當頭一棒，因為，他報考的正是西洋史專業。倘若臨時改別的專業，那既非他的專長，且時間也不允許了。最初的驚慌、沮喪之後，何炳棣迅速冷靜下來，他想，教育部取消西洋史專業，應該要經過行政院例會通過，那麼自己何不給行政院寫信，請他們在取消專業時一定要慎重呢？於是，他給時任行政院政務處長蔣廷黻先生寫信，表明了自己的看法，也就是取消任何專業，要深思熟慮，不能草率盲目。結果，他的努力奏效了。西洋史專業最終未被取消。

　　何炳棣獲悉後，慶幸之餘，忍不住對妻子說：「如果這次能考取，要歸功於『盡人事，聽天命』的華夏古訓。」

　　在臨近考試時，何炳棣又從一位學長那裏聽到一個讓他心煩的事。原來，這位學長成績很好，但在以前的一次留學考試中卻名落孫山。他告訴何炳棣，他落選的原因是中國通史的題目太偏。那年中國通史，有一道大題目是解釋名詞：白直，白籍、白賊。對於中國通史這門基礎課來說，這樣的題目委實太瑣細太偏了。聽了這件事，何炳棣沉吟良久，想，用這麼偏這麼怪的試題決定考生的命運，實在有點偏頗，於是他再次上書清華評議會，請求慎選中國通史命題人。他的這次提議再次被接受，命題委員會決定以明清史取代中國通史，這樣一來，由於範圍大大縮小，出偏題怪題的機率也就大大減少。何炳棣兩次上書都取得效果，說明他的建議是非常合理的。

　　遇到突如其來的難題，聽天由命，無動於衷，既是消極的，也有損人的尊嚴；正確的選擇是，冷靜沉著，努力化解，這樣，即使結果不如所願，也可以問心無愧，坦然接受了。

　　古話說，否極泰來。其實，所謂的「泰」是不會從天而降的。何炳棣說：「『否極』之所以『泰來』多半要靠人為的努力。」而「盡人事」，就是要充分運用人的力量和智慧，求得轉機的到來。當然。「盡人事」，也許不一定能更改事情的結果，但至少可以讓你擁有一個精彩的過程。

「有本事到外邊大的世界去做天王。」

　　除了外祖母，父親對何炳棣的立志也產生過重要影響。小時候，何炳棣既聰明又用功，常常受到師長的誇獎。經常被表揚，何炳棣也

難免飄飄然。不過，父親的一句話卻讓他再也不敢得意了。父親用犀利的語氣告誡他：「狗洞裏做天王算得了什麼，有本事到外邊大的世界去做天王，先叫人家看看你是老幾。」

這句話對何炳棣產生了深遠的影響，每每在人生的關鍵時刻，他都會想起這句話。父親的當頭棒喝，讓他在人生的各個階段，都以第一流的標準要求自己。攻讀博士學位時，他首先弄清哪些史學專家代表世界最高水準，然後以他們的水平作為自己的努力標準，並儘快嘗試讓自己的研究成果刊登在世界頂尖學術期刊上。經過艱苦不懈的努力，他的願望最終實現了。

何炳棣是在清華度過其大學生活的。當時，清華的師資是一流的，學生是一流的。有名師指點，有同窗砥礪，何炳棣的學業突飛猛進，更重要的是，在「清華精神」的浸潤下，何炳棣追求一流的信心和底氣倍增！

那麼，何為「清華精神」呢？何炳棣認為，畢業於清華大學的應用數學大師林家翹對他所說的一句話最能體現「清華精神」。一次，在朋友家中，林家翹偶遇何炳棣，他握著何氏的手說：「咱們又有幾年沒見啦，要緊的是不管搞哪一行，千萬不要作第二等的題目。」赴美攻讀博士學位時，哈佛名教授費正清也曾對何炳棣說過類似的話：「第一等大課題如果能做到八分成功，總比第二等課題做到九分成功要好。」

取法乎上，所得乎中；取法乎中，所得乎下。沒有大志向，哪來大氣魄大胸襟大手筆，哪能抵達大境界。

何炳棣是在紐約的哥倫比亞大學攻讀博士學位的。世界名都紐約更是讓何炳棣見識了何謂一流。正如他自己說的那樣：「半個多世紀後反思，紐約對我最深最大的影響是幫助培養我形成一種特殊的求知

慾——對自己有興趣的事物力求知道其中最高的標準，然後全力以赴爭取達到這個標準。」

幼年，父親把追求一流的種子播進何炳棣的心裏，及長，清華大學為他追求一流提供了肥沃的土壤，後來，大都市紐約又給予他追求一流的廣闊空間。所有這些，終成就了他一流的人生。

開卷有益，閱人進補

1943 年，徐復觀初次拜見熊十力，請教熊氏應該讀什麼書。熊氏叫他讀王夫之的《讀通鑑論》。徐說那書早年已經讀過了。熊十力不高興地說，你並沒有讀懂，應該再讀。過了些時候，徐復觀再去看熊十力，說《讀通鑑論》已經讀完了。熊問，有什麼心得？於是徐便接二連三地說出許多他不太滿意的地方。熊十力未聽完便厲聲斥罵道：「你這個東西，怎麼會讀得進書！任何書的內容，都是有好的地方，也有壞的地方。你為什麼不先看出他的好的地方，卻專門去挑壞的；這樣讀書，就是讀了百部千部，你會受到書的什麼益處？讀書是要先看出他的好處，再批評他的壞處，這才像吃東西一樣，經過消化而攝取了營養。比如《讀通鑑論》，某一段該是多麼有意義；又如某一段，理解是如何深刻；你記得嗎？你懂得嗎？你這樣讀書，真太沒出息！」

熊十力的話有道理，讀書看出好處方能獲益。其實，讀人也是如此，只有看到對方長處，才能取長補短。何炳棣非常善於攝取對方的優點來給自己進補！

北大祕書長鄭天挺先生特別善於處世。一次北大校長蔣夢麟夫人與鄰居周炳琳鬧矛盾，雙方個性都很強，誰也不服誰，衝突激烈到雙

方都要求鄭天挺在兩家之間築一高牆，互相隔絕，永不來往。鄭多次勸解，無效；最後同意築牆，但只築了一半，任憑雙方如何施壓，鄭天挺說什麼也不肯把牆砌高。結果，不到半個月，雙方都羞愧難當，要求鄭祕書長把這道矮牆拆了。

鄭天挺的做事策略贏得何炳棣的激賞，他說：「只有鄭先生才具有儒、道兩家智慧的結晶！」

對這件事，鄭天挺既做到了「有所為」，也做到了「有所不為」，正所謂儒道互補！「有所為」，就是築牆築了一半，因為不如此，雙方就會不依不饒；「有所不為」，就是只築一半，倘若真築一道高牆，雙方也就結下了仇，再想化解，難！而恰恰是只築了一半的牆，卻收到了效果，因為這畸形的矮牆正好「象徵」了兩家關係的畸形，正好強烈地暗示雙方，築牆行為是多麼醜陋多麼荒唐！於是，很快，雙方都感到羞愧，一致要求拆掉矮牆。鄭先生是靠一種「儒道互補」的智慧化解了兩家的矛盾，解決了一個棘手的難題的。受此啟發，何炳棣在後來的生活中，也充分運用這樣的智慧，把握住「有所為」和「有所不為」的分寸！

何炳棣曾在胡適的寓所做客六天，六天的朝夕相處，何炳棣獲益良多。一天早上，有位來客遞名片求見，胡適看名片時流露出對此人的不滿，但略一思索，他還是決定見客。當客人進客廳時，胡適朗聲說道：「這好幾個月都沒聽到你的動靜，你是不是又在搞什麼新把戲？」說完，兩人同時笑起來。這件事對何炳棣很有觸動，他後來回憶說：「可以想見，這才是胡先生不可及之處：對人懷疑要留餘步；盡量不給人看一張生氣的臉。」

　　見識了這樣的涵養和氣度，何炳棣當然會意識到自身之不足，從而在以後的生活中盡力修煉自己完善自己。

　　何炳棣和哈佛有過幾次不快的交往，所以談到哈佛，他會不自覺地語中帶刺，一次，在和友人談到哈佛最近五年聘請的經濟學人才不及芝大和哥大，何炳棣說：「這是哈佛習慣上的自滿和學術上的近親繁殖造成的。」旁邊的舒爾茨先生（後出任美國國務卿）插話道：「哈佛確有自大自滿的積習，也確有某段時間某一方面所聘請的人才不是一流的，但哈佛的優點是，知錯必改，一旦事後醒悟，他們會不惜工本羅掘相關方面的傑出人才的。」何炳棣聽了這番話，大為震動，說：「如此深刻、客觀、平衡、睿智的話讓我終身難忘。」由此，何炳棣懂得，有一顆包容的心才會有平和的態度，對他人的短處喋喋不休反而暴露了自身的狹隘和苛刻。

　　和人交往時，總能發現別人的長處，總能吸收別人的優點，這樣，就能薈萃他人之精華，熔鑄完美之自我。何炳棣正是這樣的智者！

註釋

文中引文均出自何炳棣著：《讀史閱世六十年》，廣西師範大學出版社，2006年7月出版

學問與問學

——《許倬雲問學記》讀後

　　學問，就是知識、學識。一個人，倘想有學問，勤學固然重要，好問也必不可少。

　　許倬雲在芝加哥大學的第一堂課，就結識了一位微胖、禿頂的中年美國人。交談中，許倬雲得知此人是一家小型大學的政治系主任，利用假期來芝大「充電」。面對這樣一位前輩，初來乍到的許倬雲自然要討教一番。許倬雲問對方，作為一位留學生該如何讀書學習，對方反問他，在美國是長住還是短住。許告訴他自己是來學習的，不會久留。這位系主任就對他說：「那麼，把讀書的時間留下一些來看看你四周的人與物吧，因為你將來可以在臺灣的圖書館找到這裏該讀的參考書，但是你回臺灣可再找不著一個活的美國社會讓你觀察了。」

　　這偶然的一問，讓許倬雲畢生難忘終身受益。他後來說：「此後，我在美國的生活幾乎無時不受他這句話的影響。我願借他這句話轉贈將要出國的青年朋友們，到美國以後，別把時間都放在書本上，也要張開眼睛看看人家生活方式背後的精神。」

　　學習如同長跑，而且，這一次的長跑是沒有終點的。對於學習，要注意兩點，一不能鬆懈，一旦鬆懈就會前功盡棄功虧一簣；二不能自滿，一旦自滿就會故步自封裹足不前。所以，能做到「學而時習之」的人往往具備非凡的毅力。

　　一個健康的人，不會偏食不會挑食，而是五穀雜糧統統吃得津津有味；同樣，一個有學問的人，其學習的食譜也不應單一，而要充分吸收各種知識。

　　許倬雲原本讀的是外文系，後又轉入歷史系，同時兼修了考古系和中文系。他說，他在大學期間的學習，橫跨了四個系，這樣「兼修並蓄」為他的成長打下堅實的基礎。回顧這段求學生涯，他感慨道：「我從別系中學的科目，得益良多。我撒網撒得很寬，有些有回收，而且可以觸類旁通，一些散在一旁以為沒有用的知識，後來都有了密切的關係。」

　　達爾文研究生物演變，前後三十多年，積了無數材料，卻理不出頭緒。有一天他無意中讀了馬爾薩斯的人口論，忽然領悟生存競爭的原則，於是得出「物競天擇，適者生存」的結論，給後世思想界開了一個新紀元。

　　由此我們可知，學得「雜」，才能學得「通」。

　　不過，一個飽學者不一定就是一個有智慧的人。一個人只有經過思考，才能把紙上得來的知識轉化成自己大腦中的學問。我們看到的聽來的知識只是「貨架上的陳列品」，只有具備明辨慎思能力的人，才能把這些「陳列品」轉化成服務於人生和社會的「智慧」。換句話說，只有具備明辨慎思的能力，我們才能把死知識化成活學問。正如許倬雲說的那樣：「大多數的人之不能有卓越的見識，並不是受個人智力的限制，只是因為沒有養成明辨慎思的習慣。」

　　想具備明辨慎思的能力，就要養成理性思考的習慣。比如，人難免有情緒失控的時候，倘若我們能理性思考一下，我們就能洞悉情緒失控的危害性。「我至少常常想到，一己的情感衝動難免會影響到別人。自己怒時，可能以言辭傷人；自己怨時，可能不接受別人的善意；

自己有求而不得時，可能嫉恨別人。因為對自己有這樣的瞭解，我只要還有一絲理性，這一絲理性就會把我從激越的關口拉回來，叫我約束一下自己的行為和言詞。這種在緊急關頭的自我節制，往往可以在俄頃之後立刻反省。」

如果我們習慣了理性思考，在情緒即將失控的「緊急關頭」，我們也能做到像許倬雲這樣「自我節制」。

有人對西方文化推崇備至，有人對東方文化頂禮膜拜。倘若我們對東西文化作一番理性思考，我們或許會得出公允而妥貼的結論。

> 文化是一籃子的菜，裏頭有爛的也有新鮮的，有甜的有苦的。儒家的文化、學說，在理想化的時候都是好的，但是在實踐的時候，一定有偽善、扭曲、誤解。同樣的，基督教的文化，理想化的時候也是一切都好，但在實際上一樣有錯誤。所以，沒有一個特定的文化好似最好的。你可以有最親的、最愛的文化，但不能說是最好的文化。你不能拿這個最親、最愛的文化，說是唯一的東西。所有人都有母親，她生你、育你、愛你、疼你，但母親不是唯一的人，到最後你還是要離開這個家，與另外一個人結合，共組一個新的家庭。世界上沒有一個東西是唯一的東西，而且要你為他犧牲一切，這是不對的，我們的眼界必須要開闊，胸襟必須要寬宏，才能懂得自己，瞭解自己。

許倬雲這番見識正來自他對文化的理性思考。

材料的「生米」只有經過理性的思考才能煮成學問的「熟飯」，而思考的過程往往艱辛、曲折且漫長。作為思考者，總要經歷數度「山窮水盡」的走投無路，才能找到「柳暗花明」的豁然開朗的。

　　許倬雲的童年正值烽火連天的戰爭歲月。幼年的他因此過早地接觸到了死亡，人生的虛無感也過早地侵襲了他稚嫩的心靈。

　　一次敵機空襲，許倬雲隨眾人跑入防空洞，待警報解除，許倬雲返家途中卻發現了玩伴的屍體，那一刻，許倬雲雖沒感到恐懼，但人生的虛無感卻牢牢紮入到他心靈的深處：

> 上午，他還和我們一起玩過；晚上，他已變成一堆模糊難認的殘骸。這是第一次，我忽然發覺生與死之間的界限如此之易於跨過去，又如此的難以跨回來。這是第一次，我忽然發覺人是如此的沒有保障。這也是第一次，我面對著一大堆屍體和煙塵彌漫的瓦礫場，心裏不存一絲恐懼，卻充滿的迷惘。我曾經苦苦求索，那天一夜未曾闔眼；到後來我似乎完全掉進了黑松林，不但找不著問題的答案，甚至找不出問題的線索了。

　　自此，許倬雲雖然做事仍能全力以赴，但卻從未享受過成功的快樂。「任何小事告一段落時，惆悵往往把看到成果的喜悅沖淡，甚至完全取代。『盡力以赴』變成僅是習慣而已，我竟找不著可以支持這個習慣的理論基礎。這一個時期，我嘗試著從宗教中得到解答，但是我得到了嗎？我還在繼續追尋呢。」

　　直到赴美讀書後，偶然讀到卡繆寫的那本《薛西弗斯的神話》，許倬雲漫長而艱辛的追尋才有了結果。

　　「這位存在主義的哲學家喜歡引用古希臘神話中薛西弗斯的故事，作為人生的比喻。薛西弗斯得罪了神，神罰他受永恆的責罰。每次他必須把石頭推向山頂，而石頭又會自動滾下來。但是倔強的薛西弗斯每次又再走下山來，把巨石往山上推。卡繆認為，當薛西弗斯懊

喪地在山頂坐下休息時，他已經承認了宿命的力量，但是，當薛西弗斯再度站起舉步向山下走去時，薛西弗斯幾乎已經與神平等，至少他在向神挑戰。沒有想到，這次偶然拾來的讀物。竟解決了我心理上的矛盾。」

一方面，許倬雲知道，做事不能鬆一口勁，一旦鬆了勁，所有的努力就白費了；另一方面，他又覺得，努力和成就也沒有什麼意義。這種心靈深處的內在的矛盾，使他常常陷入無涯的迷惘裏。而薛西弗斯的故事讓他內心兩股相反的力量變得協調起來：「我現在至少瞭解，石頭不經推動得永遠留在山腳下，縱然石頭每次仍要碌碌地滾下去，我們仍不得不走下去繼續剛剛失敗的努力。我不知道哪一天石頭還屹立山頂，但是我知道石頭不會自己爬上山。」

經過數年的思考，許倬雲才走出了死亡的陰影。

前面說過，問，也是獲得知識的重要途徑之一。不過，只有慎思明辨者才能從「問」中獲益。

許倬雲赴美求學上的第一堂課，是威爾遜先生講授的。威爾遜是美國埃及學首席教授，他上課時經常說的一句話是「我們不知道」。一個學期下來，一位日本學生問威爾遜：「究竟我們知道的是什麼？」威爾遜先生答：「我們知道的就是我們不知道！」（We know that we don't know!）這位學生聽後一臉茫然，以為老師在調侃他。而坐在一旁的許倬雲聽了威爾遜的話，卻「忽有所悟」：「我當時卻忽有所悟，悟出了一個關閉型文化與一個開放型文化的區別：前者只追尋答案，後者則是追尋問題。『知之為知之，不知為不知』固是誠實的態度，到底還須以『知道自己未知』為前提的。我現在已把埃及王朝的年表忘去不少，但是威爾遜先生的這一句妙語恐怕我今生是忘不掉的。」

　　面對同樣的問題，同樣的答案，有人一頭霧水，莫明其妙；有人茅塞頓開大長見識，關鍵在於後者具備了明辯慎思的能力。

　　勤學好問，你獲取的資訊就多；明辯慎思，你消化的功能就強，如此，你才能增加知識的營養，強壯學問的筋骨。

註　釋

文中引文均出自許倬雲著：《許倬雲問學記》，廣西師範大學出版社，2008 年 8 月出版

派系紛爭幾時休

——《朱東潤自傳》讀後

朱東潤先生是我國著名的教學家、文學史家，他一生的大部分時間都在高校度過，教育生涯構成了他這部自傳的重要內容。由於勤勉、刻苦、嚴謹，作為教師，朱東潤先生可謂碩果纍纍。不僅桃李遍天下，而且有大量重要著作問世。不過，在書中，朱先生也向我們揭示了一個觸目驚心的現象：高校內部的派系紛爭。

1929 年，朱東潤應聘赴武漢大學任教。當時，武漢大學的校長為王世杰、教務長為王星拱；校中設四個學院，分別是：文學院，院長聞一多；法學院，院長皮宗石；理學院，院長王星拱；工學院，院長石瑛。而每院中又有實權派人物，如文學院的陳通伯，法學院的周鯁生、楊端六，工學院的趙師梅等。由於法學院是武漢大學的重心，而法學院的幾位重要教授都是湖南人，所以他們成了武漢大學的重要一派：湘軍。

聞一多雖為院長，但非湘軍嫡系，故難免不被排擠。在這種情況下，他不得不辭職。這對武大來說，不能不是一個重要的損失。

不久，王世杰出任教育部部長，教務長王星拱擔任校長。由於王星拱出身安徽，他提拔了一批安徽人擔任要職，這樣一來，武大內淮軍崛起，湘軍的力量被削弱。由此，武大的派系爭鬥趨於激烈，學校開始走下坡路。朱東潤先生如此感慨：「這一切雖沒有表面化，內部的

鬥爭已經把這所大學的發展前途搞垮了。一座新興的大學由於內部鬥爭終於變得生氣索然。」

後來，因戰火蔓延，武大遷到四川樂山，校中的「湘軍」與「淮軍」此時已由暗鬥走向明爭。溫文爾雅的「金德孟」（紳士的英語音譯）變成了你撕我咬的「尖頭鰻」。兩派不僅在學術觀點上針鋒相對，就是住處也各據一方，呈「割據」狀態：

> 那時淮軍的地盤主要在鼓樓街、半壁街，湘軍的地盤在玉堂街、丁東街。當然這是指的將士們的所在，主帥是深居簡出的。

為了不捲入派系紛爭中，朱東潤只得找了個「既不偏東，又不偏西，既不太左，又不太右」的地方住下，可謂用心良苦。

陳通伯推薦葉聖陶去武大做教授，淮軍便將其目為眼中釘。中文系的劉主任特意安排自己的得意門生做葉的助教，其實是變相監督葉。而這位助教也很「敬業」，他把葉聖陶授課時的口誤一一記錄在案，再交給中文系劉主任，作為葉學問「不通」的證據。

一次在酒席上，有人為葉聖陶鳴不平，說：「葉先生還有幾本著作，究竟是有一番成績的。」中文系的劉主任聽後，大為不快，說：「那也不一定。有些人的著作只是沒有出版，其實還是有的。要是把白話小說也當成績，問題就完全不同了。」此言一出，再也沒人敢為葉說話了。葉聖陶的日子也就越來越難過了。劉主任想方設法對其排擠，一學期給他排了三個班的大一國文，另外兩個教師卻完全賦閒，葉聖陶氣不過，就問劉主任：「新來的黃先生、徐先生為什麼不排大一國文課？」劉主任答：「這哪能比啊？人家是專家啊！」

派系紛爭必然會央及學生。

　　大一入學後半學期，要安排一次能力考試。那年劉主任出的考題是，將柳宗元的〈佩韋賦〉譯成恆言。葉聖陶、朱東潤等中文老師一看卷子，就明白這分明是「殺雞給猴看」。因為，不要說學生，就是他們這些國文老師也不知道什麼叫「恆言」。結果是學生要麼乾瞪眼，交白卷；要麼胡亂答一氣。這一回，葉聖陶等人忍無可忍，拒絕閱卷，以示抗議。由於處處受到不公正的待遇，葉聖陶終於辭職了，結算薪水時，校長王星拱又苛扣了他一個月的薪水，葉去信追問，得到的回答是：「不能以公帑為饋物也。」葉寫信力爭，並將信先給朱東潤過目。朱要葉在信裏補充兩句：「不獨不望先生以公帑為饋物，並望先生之不以公帑為饋物也。」朱東潤是以此譏刺王星拱虛偽、無恥，因為，對上峰、對親信，王星拱不知道幹了多少回的「以公帑為饋物」的勾當。

　　將葉聖陶排擠出局，劉主任就可以放手重用自己的親信了。那位所謂的專家徐教授一直無課可代，恰好當時的重慶教育部頒佈新章，提倡在大學中文系開傳記研究。中文系劉主任是專門研究《說文解字》的，對「傳記」似懂非懂，又恥於下問，竟想當然地認為傳記在古文範圍內，便讓那位徐專家開設傳記研究課，從韓愈、柳宗元講起，自然是大鬧笑話。

　　因為不能在派系鬥爭占上風，文學院院長陳通伯黯然下臺。中文系劉主任和外文系方主任爭著補這個缺，結果是鷸蚌相爭漁翁得利，最後是教育系的高主任做了院長。然而，高某剛上任，外文系方主任的夫人就放出話來，說：「反對陳通伯是中文、外文系的功勞，高某只不過是在旁邊湊湊熱鬧，現在文學院長給了他，那不行。」高某聞聽此言，很快就走人了。

　　派系紛爭對高校極具殺傷力，最終的結果是往往是兩敗俱傷，教師不能正常上課，學生學業難以完成。正如朱東潤先生在書中說：「平心講，王星拱在武大的一切，一大半是由一些人搞對立的結果，以致武大初上軌道，隨即形成內部鬥爭，學校受了最大的影響，這是值得惋惜的。」

　　解放後，朱東潤進了復旦中文系。早在抗戰時期，復旦中文系就分為兩派，一為公館派，一為文摘派。公館派，是指常在校長公館走動的；文摘派是指在《文摘》刊物上活動的。進入新社會，兩派的「名」雖不存，「實」卻未亡，套用一句話是「人還在，心不死」。

　　外文系的孫大雨先生就是因為不服公館派人物任系主任而遭致厄運的。

　　建國初期，復旦領導對孫大雨還是比較重視的，在思想改造運動中讓他當了小組長。但不久後，他卻與領導越來越疏離甚至對立，原因是他對當時的黨委書記李正文和外文系主任楊豈深十分不滿：「楊豈深與前校長章益關係密切，時常出入章公館，被指責為『公館派』，現在卻做了外文系系主任；而孫大雨自己呢，則被冷落在一邊。他受不了這種不公正的待遇，認為都是黨委書記李正文搞的鬼，所以就情緒對立起來。」（吳中杰著：《海上學人》廣西師範大學出版社 2005 年出版第 94 頁）

　　和黨委書記、系主任對立，自然是沒好果子吃。孫大雨的屢屢挨整，是他不肯與「公館派」為伍的結果。

　　在高校，學術爭鳴是正常的必然的。然而在當時的復旦，學術觀點的不同則會導致教師之間的隔閡和對立。復旦教授吳中杰所著《海上學人》中，有這樣一段文字：

在一個座談會上，大家談到陳寅恪的《柳如是別傳》，有一位老先生對此書頗不以為然，認為不值得花那麼多精力為一個妓女立傳。蓋因這位老先生一向認為，傳記文學應能激勵士氣，故傳主應選擇愛國志士和社會實幹家。當然，陳寅恪寫《柳如是別傳》又別有一番深意，這本是可以討論，值得爭鳴的問題。但蔣先生一聽到對於他所敬愛的老師有所非難，即引用了《論語》裏的一句話說「其辭枝」，不願再多談了。

這裏所說的蔣先生是復旦教授蔣天樞。蔣先生尊重自己的老師，無可厚非，但聽不得別人對自己老師的批評，就不妥了。畢竟，門戶之見太深，就會變得狹隘了。對學術觀點不同的同行，蔣先生「不願再多談了」，對和自己觀點相左的學生，蔣先生就更不能容忍了。

三年級學生洪某某，寫了一篇評論《詩經》的論文，該生的指導老師正是蔣天樞。蔣老師發現論文的觀點與己相左，就提起朱筆，將論文全盤否定了。學生不服，將論文送到系辦公室，讓系領導定奪。當時的系主任劉大杰讓副主任朱東潤解決這個難題。朱東潤苦思冥想後終得良策，他對劉大杰說：「這事不能由教研組討論，一討論就僵了。乾嘉學派是推崇《毛傳》、《鄭箋》和朱熹《詩集傳》的，你、我和陳子展是相信三家詩的。把相信三家詩的論文交乾嘉學派，大筆塗抹原在意中。不過你我都在教課，和天樞常見面，我看不如讓洪某某重新謄過，送給陳子展評閱。子展不開課，指導一篇論文，不會拒絕。這樣做，洪某某的問題解決了，子展和天樞平素不見面，也不會發生問題。」

天下本無事，庸人自擾之。正是門戶之見和派別紛爭讓系主任大傷腦筋，且釀成這一樁幾乎無事的悲劇。

　　余英時在新亞書院學習時，曾發奮攻讀錢穆的著作《國史大綱》，為加深印象，余英時邊讀邊做筆記，把書中精要之處摘錄下來。當余英時把筆記本呈老師過目，請老師指教時，錢穆說了這樣一番話：「你做這種筆記的工夫是一種訓練，但是你最好在筆記本上留下一半空頁，將來讀到別人的史著而見解有不同時，可以寫在空頁上，以備比較和進一步的研究。」

　　錢穆這番話對余英時產生很大的啟示，他由此知道了錢穆對學問的態度：《國史大綱》是他對歷史的系統見解，但他不認為這是唯一的看法，而是允許別人從不同角度得出不同的結論。余英時因此懂得，學問的系統應該是開放的而不是封閉的。他說：「從此以後，我便常常警惕自己不能武斷，約束自己在讀別人的論著──特別是自己不欣賞的觀點──時，儘量虛懷體會作者的用心和立論的根據。」

　　對學者而言，「儘量虛懷體會」他人的「用心和立論的根據」非常重要，然而，卻有很多人甚至一些學問大家都很難或不願做到這一點。

> 1960 年代初，語言學界有「語法」與「文法」之爭，因為陳望道校長是「文法學派」的首領，所以復旦有許多原來主張用「語法」二字來表述的人，都紛紛放棄己見，投到「文法學派」的旗下，只有張世祿先生仍舊堅持「語法」的稱謂。陳望道為了統一復旦語言學界，形成一個完整的復旦學派，特地登門拜訪，──這是 1949 年以來，陳望道唯一的一次登上張家之門，目的是要張世祿先生同意「文法」的提法。但是，張先生就是不肯答應。（吳中杰著：《海上學人》第 58 頁）

　　本來，校長屈尊拜訪一位老師，倒是有幾分禮賢下士之風，不過，倘若拜訪的目的是為了說服對方放棄自己的學術觀點，就讓人不知道該說啥好了。

　　派系紛爭是一種內耗，內耗的範圍既包括人與人之間無謂糾纏和敵對，還包括一些重大專案的流產。

　　復旦的鮑正鵠教授晚年曾準備修訂《中國近代文學史稿》，已組建了工作班子，申請到了專案經費。因為年老體弱，他想請吳中杰教授協助他工作，吳教授婉言拒絕，任鮑教授再三勸說，他也不肯出手相助。原因是什麼？多年後，吳中杰才吐露了實情：

> 其實，我對近代文學是很感興趣的，而且還曾想把近代、現代、當代三段文學史連起來研究，能在鮑先生指導下研究近代文學，就像當初在他指導下從事魯迅研究一樣，收穫一定很大。但是，他的工作班子已經組成，由於某種人事關係，我進去之後也無法開展工作，而這情況又不便在老師面前直言，──我想，那是即使講了，他也未必會相信，所以只好藉口我正在撰寫《中國現代文藝思潮史》，而加以推諉。（同上，第 116 頁）

　　由於害怕陷入人事糾紛中，擔心不好開展工作，吳中杰違心也狠心地拒絕了恩師的求助，不僅開罪了老師，最終還導致這個項目因人手不夠而被拖垮了。派系紛爭，耗費了多少人力物力財力！

　　高校內為何派系林立，紛爭不休呢？朱東潤先生在其自傳中有這樣的剖析：

知識份子，特別是高級知識份子之中，派系觀點特別嚴重。舊社會的中文系是派系鬥爭的場所，這是無可懷疑的。一經進入新社會，即使社會制度完全變了，在大學工作的只是一般工作人員，一張工作證可以保障人的一生衣食，不需要聘書了，不需要每年每學期為聘書而擔心了。但是一切都有惰性，聘書沒有了，不等於為聘書而產生的擔心就沒有了。我在武漢大學後期，聘書是照發的，但是系主任的擠壓、刁難，使我時時感到非及時離職不可。所以儘管大家都有了工作證，不等於每個人都可以安心工作。還有核心小組，還有這派那派。你不屬於核心小組麼？不屬於這派那派麼嗎？很好，你自己努力吧，看看你是不是可以通過時代的難關。

正因派系紛爭根深蒂固，朱先生在自傳裏發出這樣的呼籲：

所以最好的系主任，應當在系內打破一切派系，使大家安心工作，瞭解到只要努力工作就可以為人民服務，就可以做人民需要的人。工作證是給我們的一個工作目標、一個奮鬥目標，不是給我們開的吃飯門票。

倘若人人都這樣想，派系自會消亡，紛爭也就停息，則善莫大焉！

註 釋

文中引文均出自朱東潤著：《朱東潤自傳》，人民文學出版社，2009 年 1 月出版

殘雪探尋藝術的奧祕

——殘雪《趨光運動》讀後

　　成為作家前，殘雪是一位個體裁縫，令人驚歎的是，她一面量體裁衣，一面奮筆疾書，寫下一篇篇風格怪異但卻生命力充沛的作品。殘雪的作品不注重外在技巧，卻能直抵生命的核心。如果把生活比做海，殘雪就是一尾鮟鱇魚，只在深海裏遊弋，看到的都是鮮為人知的祕密。

　　殘雪的文學之路獨特得近乎匪夷所思。在其新著《趨光運動》中，殘雪為我們展示了她作為藝術家的成長歷程並對其如何成為一名實驗小說作家做了解密。

「障礙」保護了文學的苗

　　幼年的殘雪極度內向，不善交際。在小學讀了五年書，居然沒舉過一次手主動發言，因為她無法模仿那些言不由衷的套話：「我的喉嚨，我的舌頭，這些肢體運動的工具，無論如何也沒法將常人習慣的『話』說得流利。這也許是我二十多年後以筆為舌的的直接原因？」

　　因為恐懼應酬，成年後的殘雪在任何單位都覺得彆扭，一直到現在 50 多歲了，依舊極為厭惡官話套話，打死也說不出來，然而，與此形成鮮明對比的是，在文學領域，殘雪不僅能自圓其說，且能口若懸河，原因何在？

　　一個在現實生活如魚得水的人，必然會察言觀色，會見風使舵，會逢場作戲，久而久之，這樣的人也就喪失了內在的自我。而像殘雪這樣與世俗習慣格格不入的人，不慣逢場作戲，內在的自我得到了很好的保護。這個自我就像種子，沒有它就沒有了殘雪那一系列作品。

　　殘雪無法模仿「套話」，她固有的模仿天性只能以別的途徑發揮出來。誤打誤撞的殘雪終於找到了正確的模仿途徑——「閱讀文學書籍」：

> 「文革」期間我放棄了上中學，就是對於那種我沒法模仿的語言的恐懼。那時天天搞大批判，每天都要發言，我一想到這些事就像熱鍋上的螞蟻。實際上，不上學使我找到了學習語言的正確的模仿途徑——閱讀文學書籍。這樣，我不知不覺地學會了模仿，同時也保留了不模仿的權利。

　　一旦內在的天性找到了釋放的路徑，殘雪的文學跑車就駛上了高速公路。

> 青少年時代，我讀過哲學書、歷史書和文學書。到頭來，只有讀文學書的那種模仿是永不厭倦的，那就如我童年時代的奔跑一樣自然。的確，文學幾乎就是我的肢體的語言，這種語言的選擇性極強，但一旦學會，就有無窮的表演前景。我常想，我會要等到自己衰老不堪，連句子都記不起了的時候才會停止寫作。在那個不要文化的時代，一本好書可以使我連續一個月生活在百日夢當中，那種夢就如同電視連續劇的重播，就連角色對話的語氣之精微都能全盤保留，當然也被

濃濃的自我色彩所浸透。還有誰比我更樂意這種模仿呢？從這種意義來說，也許我從一開始就是那種廣義的「本色演員」。我的本色不是某一類的角色，而乾脆就是文學藝術的本質。確實，我一輩子都堅信有一種這樣的本質，她深深地嵌在世俗的事物當中，而我的使命就是將它表演出來。這種表演需要的不是那種表層的模仿技巧，而是一種深奧的靈魂複製的能力。

殘雪致力於「複製靈魂」，當然不願意戴著面具和別人周旋，當然不願意把時間和才華用在複雜的人際交往中。在一個人人習慣把自己包裝起來的國度，像殘雪這樣以洞穿他人的心思，揭示人們的靈魂，展示真實的自我為追求的作家，往往是不受歡迎的。很多人說殘雪的作品深奧難懂，其實是人們不願直面殘雪作品所揭示的深層的赤裸裸的醜惡。

在眼下，多的是識時務的「俊傑」，他們習慣對醜惡視而不見，習慣逢迎拍馬見風使舵，這些八面玲瓏的人往往春風得意處處討好，然而，這種人，在夜深人靜時也許要品嘗失去自我的苦果。慣於逢場作戲的人，時間久了，會假戲真做，最終失去了棱角不說，連自己是誰恐怕也弄不清了。而殘雪這樣無法穿越世俗障礙者，卻失之東隅，收之桑榆：

> 現在我終於明白了，在我的青少年時代，為什麼除了讀文學書，其他方面的模仿對於我來說都是如此的艱難，或者根本就做不到；為什麼我的肢體的活動常給人一種不協調、難受的感覺；為什麼我連人之常情都學不會。這一切，都是因為我內部的那個幽靈在保護著我的才能啊。如果我終於學會了那些事，如果我變得協調了，看起來順眼了，我生活中的重心也就轉移了。

有失必有得。一個在世俗生活裏步履踉蹌的人，卻能在精神王國疾步如飛。不善交際，拒絕應酬，內向得近乎自閉，這些障礙，足以讓俗世中的殘雪四處碰壁，然而，這些障礙卻保護了殘雪那敏感、嬌嫩的文學天性，從而使殘雪找到了自己的精神王國。

孤獨釀就文學的酒

不善言談，不慣交際，不願說虛偽無聊的套話，這樣的殘雪只能經常品嚐孤獨的滋味。孤獨是苦澀的，但沒有孤獨，卻無法勾兌文學的酒。

其實，越是孤獨的人，溝通的慾望越強烈，不過，這種溝通不是客套不是應酬，而是心與心的交流。

在那些熱鬧的社交場合，交談者眉飛色舞，滔滔不絕，然而，他們說的往往是言不由衷的假話，套話，廢話。如果你不具備聽「弦外之音」的本領，你就根本聽不出他們的欲蓋彌彰的「心聲」。在這種場合，倘若你「不懂規矩」，像《皇帝的新衣》裏面那個孩子一樣道出實情，你就冒犯了他人並會引起眾怒，生活中的殘雪就因為經常「道出真相」而令人側目，甚至被視為「惡人」：

> 長久以來我養成的習慣是，聽人說話總是傾聽「弦外之音」，因為這是我們這個民族表達自己的普遍風度，也只有這樣聽才能弄明白對方的真正意思，否則往往一頭霧水。我相信沒有任何一個民族在表達自己時能達到我們這樣曲裏拐彎的程度。你盯住對方的嘴，你領悟的不是對方吐出的詞語句子的表面意思，

而是通過想像捕獲的別的意境。我的這種有意識的訓練使我在人群中越來越孤立，但我自己的情感積累卻越來越豐厚。誰願意自己的隱祕心思被別人所洞悉呢？那種常常是模糊的、連自己也無法確定、僅憑本能衝動發揮的情緒，往往是見不得人的，誰要將它們挑明，誰就是惡人！我就是這樣一個生活中的惡人，我的訓練有素的深層思維的邏輯性，使得我不但能分析自己，也能分析別人。

在現實交往中，一個人不能隨便「道出真相」，否則就被目為「不懂事」，而殘雪卻不想做一個世故圓滑、滿嘴謊話的人，於是，她只能「獨來獨往」，只能被集體排斥在外，而越是作為旁觀者來審視世界觀察他人，她越是能透過現象看出本質：

> 那個時代，同那些懂事又體貼的少女比較起來，我的確是個晚熟的「楞頭青」。而且我的晚熟還有種永遠也無法成熟的傾向。那麼，這種不由自主的對於「蒙昧」的堅守，是不是說明了所謂的蒙昧對於我來說有種難以言說的魅力呢？還有，成年之後的我的蒙昧是真的蒙昧，還是我具有一種為社會、風俗所不容的特殊眼光呢？也許只有我這類「不懂事」的人，才能穿透表層的偽裝，觸到事物的實質？也許就因為我堅持了用一個兒童的眼光來判斷事物，這才使得同我熟悉或不熟悉的那些人暴跳如雷？的確，我時常表現得太不懂規矩了，我張口就說出事實真相，也不怕自己褻瀆了權力。遊蕩在那個世界的邊緣的我，終於漸漸地弄清那裏頭的內幕。但這並不等於說，我就可以充

當那個世界裏頭的一員了。鴻溝仍然有十萬八千里，因為認識真相和按規矩行事是兩回事。

看出了真相，卻無法說出，於是殘雪只能在作品裏發揮自己的特長了：「這種超常的發揮讓我在日常生活中一次次慘敗，最終卻使我能在寫作中戰無不勝。」

沈從文曾說：「孤獨一點，在你缺少一切的時節，你就會發現原來還有個你自己。」一個忙忙碌碌、俗務纏身的人，恐怕是無暇意識到「還有個你自己」的，而一個連自己的心靈都無暇關注的人，當然無法啟開文學的大門，更別說登堂入室了。

孤獨的人往往是清醒的，因為清醒而顯得果敢與堅定，如同殘雪所說：「孤獨感鍛煉了我的意志力，還有獨當一面的能力。更主要的是，孤獨讓我養成意識到自身的存在的習慣，並得以將這習慣保持下去，使自己能在人生的重大關口做出正確的選擇。」

孤獨，意味著很多時間用來獨處。用殘雪的話來說，就是「挨」。當一個人在「挨」的時候，並非「煢煢獨立，形影相弔」，而是和「自己」與「時間」想伴：

> 我的閒暇就由這兩樣組成，「挨」和玩。玩是興奮的，其樂無窮，但觸動的東西是表面的。而在「挨」之中，人就觸摸到了時間和存在。

認識自己是一件很難的事。只有不斷地「挨」，甚至每天都「挨」，那些關於自己關於時間的「祕密」才能慢慢浮出意識的水面：

寫作是什麼呢？寫作不就是腦海空空，屏除了表層的慾望，讓深層的本質嶄露嗎？童年或青少年時那種一段一段的「挨」，可能正是一種寫作前的準備，預習吧。如果一個人沒有經歷這種「挨」，他就很難寫出我這種實驗小說。一個終日忙忙碌碌、暴露在眾人眼中的人，一個腦子裏塞滿了事務的人，他的本質是很難嶄露的。……我並非不同外界接觸，只是我需要越來越多的時間來「挨」，只有這樣，我的潛意識才會變得超常的活躍。也許我每天只寫 500 字，但我每天花四五個小時來「挨」、來鍛煉身體。這樣，我寫出的 500 字就都是真東西，它們確確實實是從最深的地方冒出來的，而不是硬寫出來的。

作家在「挨」，就是讓時光一點點流逝，讓真相一點點裸露。此刻的作家如同耐心的漁夫，正等待著文學的魚慢慢上鉤。

寫作是一種交流，這樣的心與心的交流心與心的碰撞，常常要在一個私密空間才得以完成，而孤獨則提供了這樣獨特的空間：

我必須切斷或儘量減少同外界的交際，製造一個相對孤獨的空間，長年累月將自己封閉在裏頭，像蠶兒吐絲一樣自然而然地吐出我的作品。也許這種方法在某種意義上有點類似宗教的「感悟」，然而我知道，一切約束，一切隔離，最終的目標卻是原始慾望的釋放，人與人之間的真正溝通。

孤獨，就是不屑或不願或不能在現實生活裏與他人進行必要的交流與溝通，這種被壓抑的交流與溝通一旦找到文學的切口，就會變本

加厲地宣洩出來。所以，殘雪的作品，可以擺脫技巧和結構這些表層的東西，直指內心直達本質。

　　孤獨讓殘雪發現了自己，認識了自己，並為她淋漓盡致表達自己提供了一個必須的空間，如同為夢提供了夜晚一樣。

希望點亮了文學的燈

　　殘雪 3 歲那年，一天，外婆帶她去食堂開家屬會。這樣的會照例是枯燥無聊而冗長的。坐在椅子上的殘雪難受極了，她扭來扭去，期盼會議儘快結束。可外婆卻捉住她的肩頭，不讓她亂動。無奈的殘雪便開始想一些奇怪的事。

　　一會兒，她想像自己爬上了一棵樹：

> 那棵樹很高，風吹得樹枝搖啊搖，我用兩隻手緊緊地抓穩樹枝，就不會掉下去。我在心裏對自己說，我一定要抓緊啊，我一定不能鬆手啊。我當然沒有掉下去，那是非常有趣的遊戲。

　　這個遊戲想完了，會議還沒結束了，於是她又去想上午同哥哥鬥霸王草的事：

> 我決心找到一根最最結實的霸王草，我要到院子後面去找，找到之後首先打敗哥哥，然後再把所有的人打敗！我啊，要到他們想都想不到的地方去找那種草！我想得興奮起來，就把旁邊的人忘了。

　　可是會議依然沒結束，殘雪只好再次去想「好的故事」：

那麼，我就來想一想那種『電絲』草吧。所謂『電絲』，其實是紮頭髮的的塑膠絲。有一種小草的草莖有兩層，抹去外面那層皮，裏面的莖如同綠色的『電絲』……我要讓外婆帶我去花園裏採集……

終於，會議在「好的故事」中結束了。那天的情景給殘雪留下了很深的印象：

我不記得那一天我總共想出了多少個「好的故事」，也不記得會議是如何開完的，只記得冗長的發言，扇子的聲音，喝茶的聲音，再有就是我那幾個熱昏了的白日夢裏的熱烈明朗的背景。這是囚籠裏的「好的故事」，絕望中的發明，漆黑中的造光的嘗試。

其實，文學不就是「絕望中的發明，漆黑中的造光」嗎？文學不就是一盞希望的燈嗎？

納粹集中營裏的猶太人弗蘭克，就靠一次次想像著「好的故事」而熬過那段地獄般的日子。

在昏暗的晨曦中，我們沿著處處坑窪石快的道路蹣跚而行。隨行的警衛不時吆喝著，並以步槍槍托驅趕我們。一路上，大家默不作聲，刺骨的寒風使人不敢開口。我旁邊的一個難友，突然用豎起的衣領掩著嘴巴對我說道：「我們的太太這時候要是看到我們，不知會怎樣？我倒希望她們全都待在營裏，看不到我們這副狼狽相。」
這使得我想到自己的妻子。此後，在顛躓的數里路當中，我們滑跤、絆倒，不時互相攙扶，且彼此拖拉著往前行進；當其時，

我們默無一語，但兩個人內心卻都知道對方正在思念自己的妻子。偶爾我仰視天空，見繁星漸漸隱去，淡紅色的晨光由灰黑的雲層中逐漸透出，整個心房不覺充滿妻的音容。我聽到她的答喚，看到她的笑靨和令人鼓舞的明朗神采。不論是夢是真，她的容顏在當時，比初升的旭日還要清朗。

想到妻子的笑靨，眼前的風景不再面目猙獰，而是充滿溫情，日子好過多了。文學就是編織一個一個「好的故事」，使長夜不再漫漫，給寒冬帶來暖陽。

又有一次，我們在壕溝裏勞動。周遭是灰濛濛的晨曦，頭上是灰濛濛的天空，眼前下的是灰撲撲的雪，連大夥兒身上的破衣，以及每個人的臉孔，都是清一色的灰暗。當時，我再度默默地在想像中與妻交談──就在我與死亡陰影籠罩下的無望感做最後也最激烈的抗辯之時，我意識到我的靈魂掙脫了把我團團困住的陰鬱，且超越了這無望、無意義的塵世。突然間，我聽到一聲勝利的肯定，從某處遙遙傳來，彷彿是在答覆我針對生存的終極目的而提出的疑問。就在那時，遙遠的地平線上，我彷彿看到自家房舍在巴伐利亞灰暗的晨曦中亮起了一盞燈──那盞燈，就這樣照亮了昏暗的周遭。

給絕望以轉機，給黑夜以熹微，這就是文學神奇的功用！多少人因此而擁抱文學，殘雪也不例外。

苦難中的人，往往親近文學，因為文學予他以深沉的安慰；絕望中的人，往往鍾情文學，因為文學給他以強大的力量。

深夜趕路的人，當他瞥見自家窗口射出的燈光時，心頭會湧起熱望，身上會覺得溫暖，腳下會憑添力量。塵世中的你我，就是這深夜趕路人，而文學正是窗口射出的希望之光。

大道多歧，人生實難！有文學這盞燈，至少可以少一點寂寞，多一分勇氣！

尊嚴澆灌了文學的根

在急功近利、追名逐利的時代，人們的尊嚴意識就像日光下的晨霧越來越淡薄了。為了出人頭地，求得功名利祿，人們學會了逢迎、溜須、說謊和誹謗，對於尊嚴則視之如敝屣。可殘雪卻不是這樣的人，她為了內心的尊嚴，不惜「暴烈地發作」，不惜與外界格格不入：

> 對於少年時代的我來說，有個東西是不能碰的，這就是個人的尊嚴。但那是一個最不要尊嚴的時代，所以我就總是暴烈地發作。在這種發作的不斷作用之下，內在的虛空便漸漸成形了。沒有人看出我和別人有什麼不同。我，青年時代在底層勞動，結婚，生子，撫養小孩，找工作……也許，我本來就是一個普普通通的人，有什麼理由不呢？我的意思是說，普通人，他也是可以保留他內在的那塊虛空，使之成形的。那是他的尊嚴得以成立的根基。如果這個人在意識到了被稱之為自我的那塊虛空的存在之後，還能自覺地對其加以研究、叩問和開拓，這個人就有可能是個藝術家。

　　為了保留「內在的虛空」，殘雪不怕得罪人，不怕被外界排斥。不願同流合污，堅持特立獨行，殘雪只能四處碰壁，於是，她傾心文學，用文字來構築精神的王國，捍衛自己的尊嚴。而一旦她以文字構築的王國日益強大，原先四處碰壁的她卻開始被社會所接納，文學，使得殘雪以迂迴包抄的方式確立了她的社會地位，以體面而非喪失尊嚴的方式贏得自己的榮譽。

> 在我們這個國度裏，同人打交道是最耗人精神的，一來二去的你就會變得乾乾癟癟了。這個社會完全是病態的，病的時間那麼漫長。像我這種藝術氣質的人，在實踐中永遠跟不上外界人士的思路。所以我最感到痛苦和恐怖的年頭是獨自在街道生活的那十年。但即使那種陰沉的，充滿了你死我活的文化氛圍的環境中，我也仍然偷偷地保留了我內心的自留地。我既學文化也讀文學，時常記日記，時常通過信件和哥哥交流思想。我是不會將自己的精神耗在那些人際關係裏頭的，就因為這，我的人際關係極壞。當我發現自己永遠找不到兩全的出路時，就不再管那一套地我行我素起來。而一旦我行我素，內部的東西頓時就強大起來了。一個人，連別人對他的評價都不在意了，別人拿他有什麼辦法？中國文化是欺軟怕強的文化。一年又一年，我擴展著生命的圈，到今天，她終於成了不可戰勝的。

　　如果我們都能像殘雪這樣，不妥協不投降不兩面三刀不口是心非，堅決不讓世故的硫酸腐蝕我們的心靈，堅決不為世俗的名利出賣自己的尊嚴，堅決讓「自我」在心裏扎下根，那我們就成為強悍的人，終有一天，也會像殘雪這樣成了「不可戰勝的」。

　　要想使文學這棵樹苗壯成長，花繁葉茂，請用心血和尊嚴來澆灌她吧。

文中引文均出自殘雪著：《趨光運動》，上海文藝出版社，2008 年出版

死裏逃生，源於愛
──弗蘭克《活出意義來》讀後

　　奧地利醫生弗蘭克曾被關入納粹集中營，那段遭遇不堪回首。在集中營裏，弗蘭克的身心遭到非人的折磨和摧殘，可是，在那樣惡劣的環境下，弗蘭克憑藉驚人的毅力和過人的智慧獲得了一些真切而深邃的感悟。而他後來奇蹟般死裏逃生，很大程度歸功於他從苦難生活中獲得的感悟。

　　弗蘭克在集中營所獲得的寶貴的感悟是：「人類的救贖是經由愛而成於愛。」

> 在昏暗的晨曦中，我們沿著處處坑窪石快的道路蹣跚而行。隨行的警衛不時吆喝著，並以步槍槍托驅趕我們。一路上，大家默不作聲，刺骨的寒風使人不敢開口。我旁邊的一個難友，突然用豎起的衣領掩著嘴巴對我說道：「我們的太太這時候要是看到我們，不知會怎樣？我倒希望她們全都待在營裏，看不到我們這副狼狽相。」
>
> 這使得我想到自己的妻子。此後，在顛躓的數里路當中，我們滑跤、絆倒，不時互相攙扶，且彼此拖拉著往前行進；當其時，我們默無一語，但兩個人內心卻都知道對方正在思念自己的妻子。偶爾我仰視天空，見繁星漸漸隱去，淡紅色的晨光由灰黑

的雲層中逐漸透出，整個心房不覺充滿妻的音容。我聽到她的答喚，看到她的笑靨和令人鼓舞的明朗神采。不論是夢是真，她的容顏在當時，比初升的旭日還要清朗。

突然間，一個思潮使我呆住了。我生平首遭領悟到偌多詩人所歌頌過，偌多思想家所宣揚過的一個大真理：愛，是人類一切渴望的終極。我又體悟到人間一切詩歌、思想、信念所揭露的一大奧祕：「人類的救贖，是經由愛而成於愛。」我更領會到：一個孑然一身，別無餘物的人只要沉醉在想念心上人的思維裏，仍可享受到無上的喜悅──即使只是倏忽的一瞬間。人在陷身絕境、無計可施時，惟一能做的，也許就只是以正當的方式（即光榮的方式）忍受痛苦了。

集中營裏的囚犯，每天都面臨著選擇，而每一次選擇都有可能是生死抉擇。有些人不敢主動選擇（因為不知道哪種選擇對自己有利），就索性聽天由命，而弗蘭克卻與眾不同，每一次在生死關頭，他都毫不猶豫地做出自己選擇，而他選擇的標準就是：以光榮的方式忍受痛苦，把愛獻給他人。當他抱著視死如歸的心情做出選擇後，每次最終獲救的竟然都是他，這倒驗證了《路加福音》的一句話：

　　那試圖拯救自己生命的，必將失去他的生命；
　　那將失去生命的，他的生命將被拯救。

關進集中營裏不久，因是醫生，主任醫官要求弗蘭克以自願的方式，前往斑疹傷寒病人區，負責醫療工作。當時，沒有一位醫生願做此事。因為斑疹傷寒病人區，住的都是垂死的病人，很多人患的是傳

染病，誰去工作意味著送死，所以誰都避之惟恐不及。而弗蘭克卻決定自願前往，他是這樣想的：「我知道我在工作隊裏，必然不久於人世；然而我如果非死不可，總得讓自己死得有點意義。我想，我與其茫無目的地苟活，或與其在生產不力的勞動中拖延至死，還不如以醫生的身份幫助難友而死去。這種死，我覺得有價值多了。」

意外的是，當弗蘭克抱著必死之心前往斑疹傷寒病人區工作後，他恰恰得到了特別的照顧：「我這只是權衡輕重而已，並不算什麼奉獻犧牲。不過，衛生隊那位準尉軍官卻偷偷叫人特別照顧兩名自願到斑疹傷寒營服務的醫生。我們一副虛弱模樣，使得他生怕自己手上又多了兩具屍體，而不是兩名醫生。」

倘若弗蘭克自私一點，拒絕前往斑疹傷寒區服務，得不到特別照顧的他，是很難承受後來一系列的折磨，根本無望生還。

集中營裏的四十歲以上的男子，經常被轉運到「休養營」。所謂「休養營」當然是幌子，其實那是「煤氣間」。所以，當有人聽到自己要被送到「休養營」後，往往不寒而慄，想盡辦法逃過此劫。一次，又有一批人要被轉入「休養營」，弗蘭克的名字赫然在列。不過有個小頭目對弗蘭克印象很好，想幫他，就偷偷對他說：「我已經向營部報告過了，十點以前，如果你想改變主意，我可以劃掉你的名字，換另外的人。」

弗蘭克當然不想去送死，但他想到，如自己不去，就必須有另外一個人代自己去死，而這樣做，就違背了他做人處世的準則。於是他拒絕小頭目的好意，說：「我已經習慣於順其自然了。去休養營，至少可以和我的朋友們在一起了。」於是，在眾人的憐憫的目光中，弗蘭克和其他被選中的人，坐上車，駛向所謂的「休養營」。

這一次，好運再次降臨到弗蘭克頭上：

這一次倒不是陰謀，我們並非走向煤氣間，而的的確確是走向休養營。原先憐憫我的那些人，則留在那個不久大鬧饑荒的舊營裏；而其饑荒現象，遠比我們休養營嚴重。那些人力圖自救，但無奈回天無力。幾個月後，我重獲自由，遇到一個那裏出來的倖存者，他告訴我，我走後不久，那裏鬧饑荒，大部分人很快就死了。

試想，倘若弗蘭克有一點私心，讓小頭目劃掉自己的名字，讓別人取代自己去「休養營」，那他很快就落入死神的魔掌。看來死神也眷顧這些勇敢而正直的人，你無畏無私，有情有義，它也奈何不了你。

最後的轉機終於降臨了，隨著德軍在戰場上節節敗退，集中營裏的獄警們也變得和氣起來。然而，在即將解放的前夕，命運讓弗蘭克又經受了一次考驗。

那是弗蘭克在集中營的最後一天。傍晚，納粹挺進隊率一批卡車開入營區，這些挺進隊員一個個和藹可親，彷彿一夜之間由獸變回了人，他們告訴營中的囚犯，要把營中剩下人轉運到另一個集中營，並由那裏遣送到瑞典，囚徒們歡呼雀躍，紛紛爬上卡車，弗蘭克不想和他人爭搶，結果竟沒擠上卡車，只得和另外幾個病弱者坐下來等另一班車。最終，他們沒等來下一班車，卻等來了解救他們的盟軍部隊。他們真正的死裏逃生了。後來，弗蘭克聽到了讓他毛骨悚然的消息，那班他沒有擠上的卡車並沒有把猶太人送到另一個營地，而是把他們直接送入了墳墓：

原來，那些自以為正要奔向自由的俘虜，當晚都被卡車載到這個小營裏，並被鎖在土屋內活活燒死。他們的屍體雖然燒焦了一部分，在照片上卻依然清晰可辨。

弗蘭克不想和別人爭搶，把優先逃生的機會拱手讓出，此舉卻讓他成了最後得救的幸運兒。

弗蘭克死裏逃生的經歷讓我想起一則德黑蘭死神的故事：一個有錢有勢的波斯人有天正和他的僕人在花園裏散步，突然，僕人驚慌起來，說他剛剛碰到死神，死神威脅說要取他性命。僕人請求主人給他一匹馬，他想立刻起程，趕往德黑蘭逃命去，按行程，他當晚即可到達。主人同意了。僕人飛身上馬，疾弛而去。待主人回到屋內，恰好碰到死神，就質問他：「你幹嗎恐嚇我的僕人？」死神答：「我沒有恐嚇他呀，我只是驚訝，他怎麼會在這裏。今天晚上，我原本要在德黑蘭和他碰面的。」

這個故事告訴我們，一旦死神盯上了你，想逃命，談何容易！不過，從中我們也獲得這樣的啟悟：在死神降臨時，如果你無所畏懼，儘量在死前做點好事，說不定你會因此擺脫了死神。譬如，這個僕人在受到死神威脅後，如果他臨危不懼，堅持留在當地做自己想做的事，那他很有可能就與死神擦肩而過了。死神也是欺軟怕硬的。

弗蘭克就是無懼隨時可能降臨的死神，堅持能做一樁善事就做一樁善事，而一次次與死神死神擦肩而過。內心的善念，使弗蘭克在受到死神威脅時從不驚慌失措；而他的善舉則一次又一次讓他化險為夷，死裏逃生。

有多少細節等待打撈

——沈寧《一個家族記憶中的政要名流》讀後

　　沈寧可謂名流之後，他的伯父是著名民主人士沈鈞儒，他的外祖父則是有「蔣介石文膽之稱」的陶希聖，這樣的家庭可謂「談笑有鴻儒，往來無白丁」。在這樣的家庭裏長大，沈寧可謂「近水樓臺先得月」耳聞目睹了很多不為人知的幕後故事和珍稀祕聞。在沈寧這本書裏，隨處可見這樣的故事和祕聞。

胡風心口上的「一顆朱砂痣」

　　熟悉當代文學的人，不會不知道胡風。1955 年，胡風上書最高領導，對當時的文藝界提出了一些批評，結果，被打成反黨集團的首領，在監獄裏關了 20 多年，用聶紺弩的話來說，就是「無端狂笑無端哭，三十萬言三十年」。作為一名信仰堅定的漢子，胡風令人肅然起敬，他的妻子梅志也同樣令人欽佩。自和胡風結縭後，梅志就是丈夫的守護神。沒有梅志的悉心守護，胡風不可能活著走出監獄大門的。可以說，梅志是胡風唯一的終生的知己。然而沈寧在〈一個字的不了情〉中，卻爆出猛料，原來，除梅志以外，胡風還有一位紅顏知己。

外祖父（指陶希聖——筆者注）回到上海，住在大沽路。沒多久，張先生（指胡風——筆者注）也到了上海，又來找外祖父。張先生那時在上海沒有固定工作，也沒有固定住址，到處漂泊，有時還去南京、南通等地。所以他就託外祖父代做他的上海據點，替他收取來信。那段時間，外祖父在南京國民政府任職，每星期四天住南京，三天回上海，所以每日從天井裏取信，成了母親的功課。據母親講，張先生每隔一兩天，便來家一趟，取他的信，有時還會給她帶一根棒棒糖，那年，母親不到 7 歲。

據外祖父回憶，從信封娟秀字跡辨認，當時給張先生寫信最多的，是武漢一位女士。張先生也最喜歡讀她的來信，每取到他的信，告辭出門，就迫不及待在弄堂裏拆開，邊走邊讀。後來一次，外祖父終於忍耐不住，在張先生取信之前，偷偷拆了一封武漢女士來信。信是鋼筆寫的，紫色墨水，信頭是「親愛的哥」，「哥」字前面留著一空，沒有寫張先生的名字。外祖父突然童心萌動，跑上街買了瓶同色墨水，回家在信頭空白處補了個「麻」字。張先生臉上有些麻點，加此一字，讀作怎樣，可想而知。

張先生來了，取信告辭，仍舊在弄堂裏就拆開。外祖父從窗裏張望，見他把那信一展，頸彎和兩耳後面立刻紅起來，然後不再讀，收了信，低頭急走。從此後，武漢女士來信就斷了，張先生也不再來取信。外祖父為此心裏懊悔，又不敢向張先生承認。聽母親講，為此事，外婆埋怨了外祖父很多年。

有一次外祖父忍不住，轉彎抹角地問出，張先生 1932 年年底結

婚，太太是江蘇人，小張先生 12 歲。外祖父暗自計算，確定這
位張太太不是武漢寫信的那位女士。

本人好奇心雖強，但並不想追根究底弄清胡風的這位紅顏知己到底
是誰，更無意對此做道德上的評價。本人只是驚歎於人性之豐富與複
雜。胡風，這個堅定不屈的硬漢，原來也有柔情似水的一面，看來，他
是勇敢的戰士，有著鋼鐵般意志，也是多情的詩人，具備浪漫的情懷！

張愛玲曾說：也許每一個男子全都有過這樣的兩個女人，至少兩
個．娶了紅玫瑰，久而久之，紅的變了牆上的一抹蚊子血，白的還是
「床前明月光」；娶了白玫瑰，白的便是衣服上的一粒飯粘子，紅的卻
是心口上的一顆朱砂痣。

這個神祕的武漢女子，正是胡風「心口上的一顆朱砂痣」。

胡適為何要競選總統？

1948，蔣介石曾請請胡適為總統候選人，胡適猶豫一番最終答應
了。關於此事，學界眾說紛紜。很多人認為，胡適答應競選總統是中
了蔣介石的圈套。

蔣介石為何要請胡適競選總統呢？沈衛威先生認為，蔣的目的有
三：「一是安撫一下美國朝野人士的心，緩解美方的輿論；二是欲擒故
縱，測試一下異己力量和自己的聲威；三是拿胡適做擋箭牌，壓倒自
己的競爭對手、政敵李宗仁，既不使總統落入李手，也不讓李任行政
院長，以致組閣。」（沈衛威著：《無地自由——胡適傳》安徽教育出
版社 2005 年出版第 331 頁）

也有人認為，胡適決定競選總統，是貪戀總統的寶座。

但是，從沈寧書中提供的材料來看，以上的猜測是沒有根據的，也是與事實不符的。

> 1947 年，蔣介石在國民大會當選總統，任命翁詠霓做行政院長。1948 年外祖父（指陶希聖──筆者注）到北京公幹，期間與胡適之先生見面，然後回到南京，向蔣介石報告：「胡先生有一句話，要我只能報告你一人，不能對任何人說，那就是翁詠霓不能做行政院長。我當時問他，你同翁先生是幾十年的老朋友，為什麼說這話？適之先生說，蔣先生謬採書生，用翁詠霓組閣。翁詠霓自在長沙撞車以後，思想不能集中。同時他患得患失，不知進退，他對朋友嘻嘻的一笑，沒有誠意，而對部下，則刻薄專斷，他不能做行政院長。」
>
> 有史家論及此處，言胡適之先生一貫待人極為寬容，他對多年老友做出如此評語，而且明說要轉達給蔣介石，就是要敲掉翁詠霓的飯碗，於私於公，都相當嚴重。如果他不是對外祖父有充分瞭解和信任，絕對不可能如此講。
>
> 有趣的是，蔣介石聽完我外祖父轉告胡適之先生的意見之後，對外祖父說：你現在就去北平，請胡先生出來擔任行政院長，所有政務委員與各部首長名單，都由他來開，我不干涉。外祖父領命，當日下午飛返北平，見到胡適之先生，說明來意。胡適之先生忙說：那是美國大使館和三兩個教授的主張，萬萬做不得的（你看，胡適知道蔣介石請自己任行政院長是出於無奈，是因為美國大使館和三兩個教授的主張讓蔣感受了壓力──魏

注）。你看我這裏滿地書籍，沒有收拾，我根本不能動，我一動，學校裏人心就散了。兩人繼續談了一會，胡適之先生又說：我可以做總統，但不能做行政院長。現在這部憲法，既非總統制，也非內閣制。如果我做總統，就任命蔣介石做行政院長，那麼就能確定一個內閣制的憲法了。

翁詠霓是胡適的老友，但胡適不念私情，認為翁是書生，不適宜擔任行政院長一職。在胡適眼中，行政院長掌控實權，只有政治強人才能勝任此職。胡適本人也有自知之明，他認為自己作為書生也不配擔任此職，在他心目中，行政院長最合適人選是蔣介石，所以，只有自己能當上總統，才能任命蔣介石為行政院長了。如果換了一個有政治野心的人任總統，他會讓蔣介石擔任掌控實權的行政院長嗎？當然不會，因為蔣介石這樣的人太難駕御了。相反，蔣介石當了總統，他也只會把某個書生放在行政院長的位置上，因為書生好管啊！倘若蔣介石讓某個有實力的人擔任此職，那他很有可能要品嚐大權旁落的苦果。蔣介石對此心知肚明，所以他一再請胡適出山，蔣介石的心思胡適明察秋毫，所以他也堅辭不就。

胡適認為，在當時的體制中，總統無實權，所以誰來當他並不在意，他關心的是誰任行政院長，因為行政院長掌控實權，能「確定一個內閣制的憲法」。所以，他不顧私情，強烈反對翁詠霓任行政院長。很多人認為，是總統的高位讓胡適不能自持怦然心動的，這是皮相之見。讓胡適動心的是，他若做了總統，行政院長就有了合適人選，內閣制的憲法也可以確定了，國家的民主政治也就步入正軌了。

　　胡適不諱言他想當總統，因為他的內心是坦蕩的，因為他並非覬
覦總統的位子，他渴望當上總統，不過是想找到一個他心目中合適的
人選——蔣介石來擔任行政院長，從而「確定一個內閣制的憲法」，而
這，才是他最最關心的事。

　　抗日戰爭時期，蔣介石要胡適擔任駐美大使，因為這是「戰時徵
調」，胡適不便拒絕。任命書發佈的那天，胡適在日記裏寫道：「二十
一年的獨立自由的生活，今日起，為國家犧牲了。」

　　1948 年 4 月 3 日，當胡適決定競選總統時，他再次「為國家犧牲
了」「獨立自由的生活」。

　　英國學者藹理斯在其《感想錄》中寫下這樣一段話：

> 今天我從報上見到記事，有一隻運兵船在地中海中了魚雷，雖
> 然離岸不遠卻立刻沉沒了。一個看護婦還在甲板上。她動手脫
> 去衣服，對旁邊的人們說道，大哥們不要見怪，我須得去救小
> 子們的命。她在水裏游來游去，救起了好些的人。這個女人是
> 屬於我們的世界的。我有時遇到同樣的女性的，優美而大膽的
> 女人，她們做過同樣勇敢的事，或者更為勇敢因為更複雜地困
> 難，我常覺得我的心在她們前面像一隻香爐似的擺著，發出愛
> 與崇拜的之永久的香煙。
>
> 我夢想一個世界，在那裏女人的精神是比火更強的烈焰，在那
> 裏羞恥化為勇氣而仍還是羞恥，在那裏女人仍異於男子與我所
> 欲毀滅的並無不同，在那裏女人具有自己顯示之美，如古代傳
> 說所講的那樣動人，但在那裏富於為人類服務而犧牲自己的熱
> 情，這超出於舊世界之上。自從我有所夢以來，我便在夢想這

世界。（周作人著：《知堂乙酉文編》河北教育出版社 2002 年版
第 75 頁）

　　胡適想做總統，也是一種「下水」。看護婦「下水」是為了救人，
所以，她很坦然，說：「大哥們不要見怪」；胡適「下水」是為了救國，
所以，他也很坦然，說：「我可以當總統」。

　　藹理斯說，他夢想一個世界，在那裏「富於為人類服務而犧牲自
己的熱情，遠超出於舊世界之上。自從我有所夢以來，我便在夢想這
世界。」我想，胡適也一定夢想這個世界。不管怎麼說，胡適身上還
是有一些「犧牲自己的熱情」，他在 1938 和 1948 年的兩次「犧牲」不
就表明了這一點嗎？

　　沈寧提供的材料說明，胡適是出於熱情，出於為國家犧牲自己的
熱情才決定競選總統的。有了沈寧提供的珍貴史料，蔣介石請胡適競
選總統的原因和胡適決定競選總統的原因終於水落石出了，籠罩在這
件事上的迷霧也就得以廓清了。

小女人左右了大歷史

　　在沈寧書中，有篇文章標題是〈萬耀煌、周長臨夫婦：西安事變
中鮮為人知的細節〉，講的是周長臨女士在西安事變中處變不驚機智勇
敢地完成了一個幾乎不可能完成的任務，從而改變了西安事變的進程。

　　據我的長輩們說，在臺灣 50 多年，萬耀煌夫婦仍然很少提到西
安事變中發生的事情。直到萬耀煌去世後 20 餘年，蔣銘三將軍

傳略出版，其中提到西安事變中萬耀煌夫人所完成之重大使命一節，之後萬夫人周長臨女士，就是我的外祖舅母，才披露出一些具體細節，作為對蔣銘三將軍傳略的補充。那都是至今仍鮮為人知的史料，現簡約轉錄如下。

西安事變發生時，萬耀煌指揮之第二十五軍，奉調於咸陽集中，歸西北剿共副總司令蔣銘三指揮。而第二十五軍的這一次調動，後來證明，於西安事變之結局，舉足輕重。

當時，蔣介石的幾位重要部下都已失去自由，萬夫人因是女性，警衛對她的看管不嚴，她這才有機會看到蔣銘三將軍，而後者看到她後，立即吩咐他去完成一項重要任務：

> 蔣銘三一見萬夫人便說：大嫂來得正巧，我有事託你。第一件事，是帶個便條給陳辭修（陳誠）、蔣方震（蔣百里）、蔣雨岩（蔣作賓）三位，要他們設法找鮑文樾來，婉告張漢卿，解鈴還須繫鈴人。第二件事是要你設法找人與咸陽的二十五軍通消息，要他們速開去漢中。此間先生們均被監視甚嚴，唯你是婦女，或者可以乘機做這件事，只許成功，不許失敗。並且要極度保密，否則楊虎城知道了，決不放過你。

據後來出版的蔣銘三傳略記載，其實西安事變當日下午，張學良到蔣銘三住地看望，談話間已露悔意，頗有懸崖勒馬，尋求正軌息事之念。無奈已然騎虎難下，陷入僵局。蔣銘三將軍於是策劃請關心張學良的友人，斡旋溝通。

　　為什麼要把咸陽的二十五軍調走？蔣銘三是這樣對萬夫人解釋的：

> 目前情況危險萬狀，武樵兄（即萬耀煌）的軍隊在咸陽，對西安構成最大威脅，可以阻止張、楊的行動。但西安城內是楊虎城的勢力，孫蔚如、趙壽山兩師，張漢卿只有劉多荃一個旅，實際也不到一個旅。如果楊虎城不顧一切蠻幹，可能張漢卿自己本人也難免，所以要二十五軍離開咸陽，好讓張漢卿自己的軍隊於學忠等部進入西安。如果二十五軍阻擋於軍入西安，在西安的人，不但委員長的安全，張漢卿無法保證，連他也自身難保。這一危險混亂局面，他們在外面怎麼知道，此事你必須盡力為之，否則後果不堪想像。

　　萬夫人臨危受命，設法把蔣銘三的意思轉告給萬耀煌親隨衛士黃青山，讓其立即奔赴咸陽傳達蔣銘三的命令。事情因此有了轉機。因為當張學良把自己的部隊調入西安後，他就有能力切實保衛蔣介石和中央諸大員的安全，並憑實力主導事件的發展和結局。倘若沒有萬夫人的「穿針引線」，西安事變將如何發展就很難預料了。

　　你看，歷史是多麼詭譎且充滿了偶然性！

　　人們常說，是大人物改變了歷史的進程，而沈寧的文章卻告訴我們，小人物在歷史進程中也同樣能起到舉足輕重的作用。感謝沈寧，讓這些珍貴的鮮為人知的細節浮出水面，從而改變了我們對小人物的看法。歷史從來不缺少細節，缺少的是我們對這些細節的打撈。

　　在漫長而深邃的歷史長河中，有多少這樣湮滅的彌足珍貴的細節等待我們打撈。

註 釋

文中引文均出自沈寧著：《一個家族記憶中的政要名流》，中國青年出版社，2008年出版。

王蒙筆下的「一位名門人士」
和章詒和筆下的「文化部長」
——王蒙《半生多事》讀後

　　近日讀王蒙自傳第一部《半生多事》，在此書第 25 頁讀到這樣一段文字，令人費解也耐人尋味。

> 比如當年寫信求見一時出任了領導職務的某文化人，見完面了，給幫助自己聯繫求見事宜的友人——也是被求見者的老相識——寫下了感激涕零的感受，這樣一位名門人士，等到追隨潮流揭出了點玩藝，吐了吐苦水，從而頗有響動以後，立即用另一種傲然青松的口氣講自己求見的故事了，而且換一個腔調嘲諷起自己當年巴不得一見的人，一見便感激涕零起來的人來了。這樣的人士是硬骨頭還是信口雌黃的小販呢？

　　在「自傳」裏突然冒出這樣一段與上下文毫不搭界的含義曖昧的文字，真讓讀者莫名其妙如丈二和尚摸不著頭腦。但筆者恰好是章詒和的「粉絲」，恰好知道章詒和在某篇文章裏曾對某「文化部長」出言不遜，如此，王蒙筆下這位「名門人士」到底是誰，筆者也就一清二楚了。

　　俗話說，兼聽則明，偏信則暗，要想弄清問題的來龍去脈，不能只聽一面之詞。下面，我們看看章詒和是怎樣談論這件事的。

我的公開信也遞交到文化部。一天我忽然接到通知，說文化部部長要接見我。我緊張得連覺也沒睡好。腦子裏反覆琢磨自己當如何回應部長的垂詢，細細編排自己該怎樣簡明扼要地介紹單位評職稱的情況。

記得那是一個週六下午，我穿著白衣黑裙，手提包裏裝著材料，跨進了部長辦公室。

部長隨和又平易，倒了一杯茶。上級和下級對面而坐。接著，他問我的出身，問了我的學歷，問了我的家庭，問了我的父母情況，還問了我為什麼坐牢……我是有問必答，且心生感動。瞧，咱部長多好，那麼關心「普通一兵」。談話的時間不短，記得在此期間，部長還接了胡繩同志打來的電話。好像對方有件什麼事要辦。部長說：「我是晚輩，自然是我該上您那兒辦事啦。」部長對我的詢問結束，我們的談話也跟著結束。

我被禮貌地請出了辦公室。

「那我們單位評職稱的事兒呢？」出了門的我，扭臉兒叫了起來。

「哦，有關部門會辦理的。」部長如是說。

幾天後，部長對他的一個新疆朋友說：「我見到章伯鈞的女兒了，她好像有點兒神經質。」

我聽了這個新疆朋友的轉述，霎時胸口憋悶，監獄養出的老毛病犯了——不禁破口大罵：「王×蛋！」

新疆朋友很害怕，勸我別罵，說：人家是部長。

我高喊：「本不該罵人，可現在我都神經質啦！還不該罵？」

新疆朋友走後，我的眼淚簌簌而下。我不禁想起了張庚，想起

了他召集的座談會，想起了他那專注的目光，想起了他說自己「高高在上」。（章詒和〈人生不朽是文章——懷想戲劇家張庚〉）

把王、章兩人的文字對照看一下，相信不需我多嘴，聰明的讀者就能對此事做出正確的判斷。

王蒙在自傳裏說，「這樣一位名門人士」，為了求見「一時出任了領導職務的某文化人」，事前大找關係，事後「感激涕零」。但作為同樣是「小人物」的筆者，對「這樣一位名門人士」實在討厭不起來，而是理解、同情甚至感同身受。事實上，中國廣大的「小人物」恐怕都做過同樣的事。也許應該反問一句，為什麼「小人物」「老百姓」要做出這些有失尊嚴的舉動呢？為什麼「小人物」「老百姓」不做出這些有失尊嚴的舉動就無法晉見自己的領導呢？

對某些「高高在上」的「大人物」來說，「小人物」的這些有失尊嚴的舉動就是所謂的「犯賤」，但我想說的是，「小人物」「老百姓」並非天生「下賤」，如果他們不得不做出一些有失尊嚴的舉動，那是「逼良為娼」的緣故。至於到底是誰是什麼逼得「小人物」「老百姓」做出「犯賤」的舉動，這一問題正是王蒙這樣的大家所應該探討的。

在《半生多事》第81頁，還有如下一段文字：

團校畢業時我們受到了毛主席的接見。同時被接見的還有一個海軍會議的參加者與另一些開財經方面的會議的與會人員，是聯合接見。毛主席從台側走了出來，各個聚光燈打開，照耀著主席的面孔，說好了，毛主席不準備講話，他只是在照耀下站

　　了站，略略做一點手勢，有時背起手，有時搖一下手，有時往
　　遠處看，有時微笑一下。毛主席的形象相當雄偉，沉著，莊重，
　　每個姿勢與動作都有風度，有雕塑感。我想，做一個領袖人物
　　真難呀，置身於聚光燈下，展現自己，定格造型，這是一種藝
　　術，更是一個考驗，普通人，那麼一站，多麼緊張，多麼尷尬，
　　而主席好像已經慣了，他舉止自信而且有「派」。
　　我們組的學員鮑訓吾同志代表團校畢業生向主席朗讀並獻上了
　　致敬信，毛主席與他握了手，我們都感到了光榮，並紛紛與鮑
　　同學握手。

　　顯然，當年的王蒙還是個初出茅廬的「愣頭青」，樸實、憨厚、可
愛。雖沒享受到和偉人握手的殊榮，但卻能聊以自慰握一下被偉人握
過的手。在我看來，這個在偉人面前顯得激動、慌亂的王蒙和若干年
後他筆下的「這樣一位名門人士」多麼相似！

　　既然王蒙對昔日的自己充滿憐愛，他自然也應該對同樣是「小人
物」的「這樣一位名門人士」予以足夠的理解、同情和寬容。然而，
問題的複雜在於，當昔日的無緣和偉人握手的「小人物」一旦變成「小
人物」不託關係就無法和其握手的「大人物」，其心態、舉止會發生巨
大變化或根本逆轉——從前作為「小人物」時的種種苦惱、屈辱、尷
尬要麼被拋諸腦後要麼變成筆下可供諷刺的材料。這也難怪，魯迅先
生不是早就說過嘛，「一闊臉就變」，「美國煤油大王哪會知道北京撿煤
渣老婆子的身受的酸辛」。

　　另外，我覺得王蒙這段「神龍見首不見尾」的文字也不夠客觀因
而也就有失公允了。

　　王蒙說「這樣一位名門人士」，昔日為求見「一時出任了領導職務的某文化人」事前大託關係事後「感激涕零」，而「等到追隨潮流揭出了點玩藝，吐了吐苦水，從而頗有響動以後，立即用另一種傲然青松的口氣講自己求見的故事了，而且換一個腔調嘲諷起自己當年巴不得一見的人，一見便感激涕零起來的人來了」，但王蒙沒告訴我們，「這樣一位名門人士」何以要如此前恭而後倨？只有讀了章詒和的相關文字，我們才能找到答案；而對於沒讀過章詒和文字的讀者，只能別無選擇被王蒙這段話誤導了。

　　既然要諷刺對方，當然應該把事情的原委交代清楚，而這樣「抓住一點，不及其餘」恐怕就很不妥當了吧。

　　在自傳的第363-364頁，王蒙寫道：

　　　而在此段時間的與故人的會面，最令我難忘是韋君宜。一九七五或一九七六年，我國一些文學刊物與出版社已經恢復工作。忽然聽說韋君宜同志來了，她仍然是人民文學出版社的負責人。得知情況後我興奮了一回，頗有經歷了一個輪回一番生死劫難，終於得到了老朋友老師長的資訊的心情。想起在一九六七年「文革」初期，我聽到過韋君宜自殺的謊信，這次知道老太太官復原職，更有幾分慶幸感。故人別來無恙乎？我讀《史記》最感慨的就是〈范雎蔡澤列傳〉中關於贈綈袍一節的描寫，沒有比大難之後的故人之情更動人的了，哪怕兩個人是仇敵，像《史記》裏的范雎與須賈那樣。

　　　我在迎賓館找到了君宜，還好，依然硬朗，我感到慶幸。但是……但是我必須說實話，但是她對於我的到訪沒有任何反應。我的

所有的問安所有的惦記所有的心情她都沒有任何回應。我與她說話的比例大約是二十至五十比一，就是我說二十到五十句話，她回答一句半句。……

然後我只能告辭。

直到我走了，她沒有任何話。

……

一兩年後，已是「四人幫」垮臺後，芳（王蒙妻子——筆者注）我仍要她去看望一次韋君宜。韋對芳也是一句話也沒有，直到芳乾乾地告辭，說是她說了一句：「代問好。」整個拜訪，得到的就這三個字。芳說，一輩子她這樣的經歷只有兩次，一次是反右後有人自殺後她去機關領我的工資時，一次是在此時與韋君宜的見面。她認為自己從來沒有受過這樣的污辱。

君宜是個大好人，她一有機會就想起我幫助我，下面我還會寫到。她的真誠舉世少見，她真誠地革命，真誠地反思，真誠地寫作（請想一想她後來寫的《露莎的路》與《思痛錄》），真誠地助人，真誠地服從，真誠地檢討也真誠地貫徹政策，極端真誠地劃清運動要求的界線，真誠地絕對地不講一絲一毫私人感情和面子直到起碼的待人接物的禮貌。她的真誠令我感動也令我恐怖，對不起，她貫徹起那個時候的「政策」來也真誠到了百分之百，毫無餘地。太可怕了。願君宜的在天之靈安息並且原諒我這個後輩。我對她與楊述充滿感激之情，她們的女兒楊團也是我的好友，他們一家子都是我的恩師，恩人，恩友。但是我以上說的都是事實，用劉震雲的話來說，叫做「冷冰冰的真實」。

　　儘管王蒙在敘述這件往事時顯得格外認真分外動情，但作為讀者的我卻嚴肅不起來，直想笑。你想，既然某「文化部長」能十分潦草地打發走一個費盡周折才好不容易見他一面的「一位名門人士」，那麼，身為「人民文學出版社的負責人」、「官復原職」的「老太太」韋君宜對一個找上門來的「妾身未分明」的文化人冷若冰霜，又有什麼值得大驚小怪值得大發感慨大費筆墨呢？這不是人之常情，「果然不出我之所料」之事嘛！看來，王蒙在寫這段話時，古人所說的兩句至理名言：「人情冷暖、世態炎涼」「此一時也、彼一時也」暫時被他拋在了腦後。

　　不過，人就這麼健忘，身為「大人物」時，覺得那些巴不得想和自己見上一面的「小人物」的種種舉動十分可笑亦可憐；而一旦淪為「小人物」又開始抱怨起「大人物」的倨傲、冷淡、不近人情，甚至認為「大人物」的冷淡就是對自己的「污辱」。

　　讀了王蒙以上這段文字，我突發其想，假如韋君宜還活著，並且還看到了這段文字，那麼，她的反應是什麼呢？會不會也拿起筆像王蒙諷刺「一位名門人士」那樣諷刺一下昔日的王蒙？

　　王蒙是大師，讀他的書，沒有收穫是不可能的。而我讀完此書最大的收穫是懂得了一個道理：

　　一個人發現別人的缺點並不難，發現自己身上有著同樣的缺點就很難了。

　　一個人挑別人的錯並不難，找自己的碴就很難了。

　　或許，這就是人的局限也是人的悲哀。從這個意義上來看，一個人的自我審視自我剖析自我懺悔是十分難得因而也是十分可貴的！

耐人尋味的「酷評」

——王蒙《王蒙自傳·大塊文章》讀後

在王蒙自傳第二部《大塊文章》中，王蒙花了將近一章的篇幅，對《人妖之間》及其作者「一位先生」大加批評。儘管王蒙先生對一些「酷評」家極為不滿，並因為斥罵某位「酷評」作者為「黑駒」而惹火上身。但在我看來，王蒙自傳中這章對《人妖之間》及其作者的批評才是真正意義上的「酷評」——粗看頭頭是道，細究漏洞百出。

> 所以這時候有一篇作品應運而生，受到熱烈讚揚，它對生活，對人群，對國情的基本分析方法就是人與妖的對立，人與妖的區分。（引自《王蒙自傳·大塊文章》第 132 頁，以下對該書的引用，只注頁碼）

我們知道，《人妖之間》主要是寫貪污犯王守信既有作為普通人正常的一面，也有作為貪污犯「妖」（不正常）的一面——神通廣大，無所不能。作者通過這篇報告文學主要是揭示一個貪污犯之所以能如魚得水、遊刃有餘的社會根源，從而告訴我們這樣的道理：在貧困和落後的土壤上，權力之花似乎開放得分外香豔誘人。也就是說，《人妖之間》並沒有「對生活，對人群，對國情」作了簡單的「人與妖的對立，人與妖的區分」。王蒙這樣說，如果不是欲加之罪，何患無辭，那就是別有用心，過度詮釋。

先立了個靶子，然後就是火力密集的掃射了。然而，既然靶子是虛設的，火力再猛的掃射也是無的放矢。浪費子彈而已。

接下來，王蒙寫道：

> 一位先生，一九七八年才恢復工作，一九七九年就發表了記述「人妖之間」的作品，次年此篇報告文學的反面傳主王守信老太太就被處決了。然後此作獲獎。多麼厲害！這也是精神變物質，文學可以影響生死！不妨回顧一下，思襯一下，即使文章的說法百分之百地準確，此王守信的問題從法學上講到底屬於什麼性質？（132頁）

我以為，王蒙這番話說得太隨意、太輕率、太不負責任而且也太外行了。如果王蒙要證明王守信之死是「文學」「影響」的，那他必須做一點考證工作，也就是走訪一下當時的辦案人員，翻一下關於王守信貪污的犯罪檔案，而他根本不去做一點調查，就想當然地認為是《人妖之間》害死了王守信。王蒙這樣信口開河，誇大了《人妖之間》的作用倒是小事，關鍵是他的這番話，嚴重傷害了當時經辦此案的法官——王蒙的話如果成立，那就說明法官是在草菅人命，竟然根據一篇報告文學判處了一個「老太太」的死刑。

另外，王蒙說他沒有從《人妖之間》裏找到足以判處王守信死刑的罪證。這是地道的外行話（以王蒙的學識，他說這種外行話是故意的），《人妖之間》不是長篇紀實，而是報告文學，所以，它的重點不是展覽陳列王守信的犯罪事實，而是揭示王守信作為一個犯罪主體的畸形的人生，以及這一畸形人生形成的社會根源。是先有了王守信這個臭名昭著的貪污犯，然後才有報告文學《人妖之間》的，而不是相

反。作為一篇意在探尋貪污分子之所以屢屢得逞的社會根源的報告文學，有必要非得像法制通訊那樣陳列貪污分子的犯罪事實嗎？如果王蒙要瞭解王守信的犯罪事實，他完全可以去查看一下王守信的犯罪檔案卷宗。事實上，在法庭上，法官是根據那些檔案卷宗而非《人妖之間》來為王守信量刑的。作為報告文學，非得承擔檔案卷宗的作用嗎？我看未必。如果你從某本《江青傳》中沒能找到足以判江青死刑的罪證，那不是那本《江青傳》的失誤，那只能說明作者寫此傳記不是為了公佈傳主的罪行而是有其他的目的。

　　為了誇大《人妖之間》的現實效用，王蒙不惜這樣說：「多麼厲害！這也是精神變物質，文學可以影響生死！」然而，在一個官本位的國度，文學真有這麼大能耐嗎？我想連王蒙自己在內心裏也不會這樣認為，他這樣說是為了突出《人妖之間》的「妖」言惑眾而已。在其他場合，王蒙又表達了與此相反的觀點，也就是文學不被重視，用他的話來說，就是文學只有在被整頓時才會被看重。

　　　有一個「怪話」，就是說文學文藝云云只有在需要整頓的時候才可能提到重要的議事日程上。《新疆文學》辦了多少年，從來沒有什麼人過問過，而「文革」一開始，全自治區領導都來談論這本刊物的「問題」，對它的主編王谷林的批判登了黨報兩版，而且全區上下表態，一直表到一個生產隊麥子割得再好，由於沒有及時批判王谷林，硬是得不上紅旗。《人民文學》雜誌云云居然上了各大報頭版頭條，通欄標題，甚至連副主編周明的名字也上了標題。這樣的盛舉肯定是此生難再了。而且，為了與廣播電臺的各地人民廣播電臺聯播節目同時發佈，延遲了中央

> 電視臺的新聞聯播，到了全套節目播完後，宣佈將有一條剛剛
> 收到的消息……其規格登峰造極。（296頁）

　　一會兒說「文學可以影響生死」，一會兒又說，文學不被重視，「只
有在需要整頓的時候才可能提到重要的議事日程上」，王蒙為什麼會如
此前後不一、自相矛盾呢？這不奇怪，因為此一時，彼一時也。當他想
批評《人妖之間》時，他就想當然地誇大了文學的力量——一篇誇大其
詞的報告文學居然將一個未犯什麼大錯的老太太送上了不歸路——被
判處了死刑；而當他想為劉心武鳴冤叫屈時，又感慨國家一方面平時對
文學並不重視，另一方面整頓起來卻如此上綱上線毫無留情。按他的邏
輯，在雜誌發一篇有損民族團結的小說，有什麼值得大驚小怪，難道為
此值得停主編的職，值得用頭版頭條的寶貴篇幅報導這件事？

　　另外，王蒙稱王守信為「老太太」，我以為不妥。王既然是貪污犯，
我們在用詞時當然會帶有感情色彩，對一個貪污犯，我以為可用貶義
詞，慎用褒義詞。比如姚文元出獄，我們可以說「姚文元先生今日出獄」
嗎？比如江青自殺，我們可以這樣報導「江青老太太今日自殺」嗎？如
此道理，淺顯之至，王蒙當然知道，但由於他一開始就認定《人妖之間》
是誇大其詞，王守信是被文學「忽悠」死的，於是提到王守信便不自覺
地充滿溫情，殊不知，對一個貪污犯溫情脈脈，恰恰會傷害了遵紀守法
人的感情。由此可見，一個有先入之見的人，步入誤區，在所難免。

　　王蒙認為對王守信這樣的貪污犯不該用「娘們兒」這個詞。

> 那麼，請看，文章所寫的實有人物——死囚王守信是個什麼樣
> 的人呢。她是個「娘們兒」，這是作品提到王守信時的第一個涉
> 嫌性別歧視的詞。（133頁）

對一個犯下重罪的死囚，居然不能用「娘們兒」一詞，用了就涉嫌性別歧視，那麼，對王守信，又該用什麼詞呢：女士？太太？夫人？《人妖之間》發表於 1979 年，那時候，整個中國剛剛從思想禁錮中緩過氣來，用詞當然不可能多考究。而王蒙站在 21 世紀的今天，指責上世紀的一篇文章，因為把女死囚稱為「娘們兒」而涉嫌性別歧視，這實在帶有一絲黑色幽默的味道。郭沫若當年在詩中把江青說成是「精生白骨」，王蒙未予置評，現在卻指責《人妖之間》的「娘們兒」一詞涉嫌性別歧視，這是欺軟怕硬，是小題大作，也是雞蛋裏面挑骨頭。當年，舒蕪義憤填膺斥責白居易作風不正，晚年竟然納小妾，簡直老不正經，然而舒蕪的激烈言辭沒能贏得喝彩聲，反而招來不少批評，真是言者諄諄，聽者卻藐藐。舒蕪那篇充滿道德義憤的文章，沒能傷到白居易的絲毫皮毛，反而折射出他自己內心的陰暗。王蒙指責《人妖之間》的「娘們兒」一詞涉嫌性別歧視，所犯錯誤類同於舒蕪。

王蒙不想去做調查研究，卻又固執地認為王守信不像是壞人，於是，他的關於王守信的文字讀起來總那麼夾纏不清，令人費解。

> 我無意為王守信說多少話，我沒有調查研究，我也不是法學家。她是否貪污或其他問題應該由眾多的律師、法官、檢察官與本人家屬考察研究明晰。但是我有懷疑，至少這篇作品不可能對有文化有見識有法律意識的成人有說服力。至少這篇作品裏的傳主絕無死罪，甚至不像壞人。我只是就事論事地談談此作斯人，我不明白為什麼說出事實、承認事實、實事求是會這樣艱難和危險。你必須甘冒天下之大不韙，「悍然」進行無私的也是

真心的評價。是的，悍然，像爆一顆原子彈一樣，我相信我在此節已經悍然爆彈了！（136頁）

　　一方面說自己「沒有調查研究」，另一方面又說「至少這篇作品裏的傳主絕無死罪，甚至不像壞人」。王守信犯了哪些嚴重的罪行，最有發言權自然是「眾多的律師、法官、檢察官與本人家屬」。王蒙既然不願去做調查，僅憑一篇報告文學來為王守信抱不平，似乎太情緒化了。報告文學可以把重點放在揭露傳主的犯罪事實上，也可以把重點放在其他地方─比如一個人是如何走向犯罪走向瘋狂的。王蒙非要從這篇報告文學裏找到王守信犯罪檔案卷宗裏所有的材料，自然是緣木求魚，無功而返。

　　另外，王蒙說自己在這節裏「甘冒天下之大不韙」、「進行無私的也是真心的評價」、「像爆一顆原子彈一樣」、「此節已經悍然爆彈了」，純粹是老王賣瓜，自賣自誇。《人妖之間》的作者不僅失去了話語權，且不久前已告別人間，對一個失去還手能力的對手揮以老拳，有失公平，可謂勝之不武，絕對談不上「悍然爆彈」。

　　在我國，敢於冒天下之大不韙說真話的勇士，所謂「悍然爆彈」者，在我看來，屈指可數。胡風，梁漱溟，張志新，遇羅克，林昭，呂熒，算得上是這樣令人肅然起敬的勇士，王蒙是識時務的俊傑，但絕非「悍然爆彈」的勇士。

　　《人妖之間》的作者當年寫這篇報告文學，走訪了眾多人物，取得了大量的第一手材料，再經過剪裁，寫成此文。現在，王蒙不願去調查，但卻武斷地一口咬定，該報告文學嚴重失實。當然，作為讀者，王蒙有權懷疑《人妖之間》的真實性，但不經過調查取證，你就不能把你的懷疑寫成事實啊！

這位先生的許多作品都引起麻煩，但是《人妖之間》卻是順風順水，而且威力足可以使反面傳主斃命。這是由於，第一，他批『文革』，也是大方向的正確性，二是他在作品一開始的地方，虛晃一槍，先寫了縣委書記田鳳山書記：

田鳳山親自接待來訪群眾，親自處理積壓多年的十大冤案。還沒起床，人就來了。他一面嚼著乾糧，一面聽人申訴。他跑遍縣城的飯館，商店，檢查商品質量和服務制度。他撤銷了食品廠年年必得的『先進企業』稱號，說：「你一年掙幾萬塊錢，又節約好幾萬斤糧、油、糖。你這是克扣老百姓，算什麼先進企業！」他過問住房情況，降低了房租。他還帶領幹部下去抓落後隊，很短時間裏就使一批窮隊改變了面貌……

這一段對於田書記的描寫令人想起新華社長穆青同志寫的焦裕祿。（137 頁）

王蒙再次在沒有論據的情況下認定是《人妖之間》的威力使傳主斃命的。另外，作者對田鳳山的描寫也令他不滿。王蒙不瞭解田鳳山，又不願花工夫去調查，但又想找作者的碴，於是只好說了一句耐人尋味的話：「這一段對於田書記的描寫令人想起新華社長穆青同志寫的焦裕祿」。這句話當然是話中有話，一方面，王蒙暗示作者的描寫缺少新意，是對他人的模仿，另一方面也暗示作者的描寫失實，怎麼能像寫焦裕祿那樣寫田鳳山，既然作者把田鳳山拔高到焦裕祿的高度，那這個田鳳山當然是誇大的甚至是虛假的。

不能說王蒙的懷疑毫無道理，但王蒙在對田鳳山毫不瞭解的情況下這樣說，就構成了對田鳳山的傷害，畢竟，你沒調查，哪來的發言

權？支撐你懷疑的論據是什麼呢？另外，王蒙根據作品中的一個片段就判斷田鳳山像焦裕祿，顯然犯了以偏概全的錯誤。

其實，王蒙早就對《人妖之間》有看法，但他一直不說，為什麼呢？在自傳中，王蒙吐露了個中緣由。

> 我現在要思考要反省的是一個問題，對於此篇所謂報告文學，我有困惑，但是從來沒有說出來過。這是由於形勢的主宰：在一個含冤二十餘載，因為公眾普遍知曉的直言與揭露矛盾而備受打擊的記者、文化人剛復出的時候，在他終於氣勢如虹地大批特罵一下我們的土特產──貧困落後的土壤上開出的權力之花，並且引起了一片喝彩之時，我如果提出異議，我算是與誰站在一起呢？我算是屁股坐到哪裡去了呢？……
>
> 其次是人言可畏。人言的一大特點是以小人之心度君子之腹。你如果在八十年代立馬講出對於此文的不解，你馬上會受到千夫所指，千目所視：一個是求寵，一個是妒才，你還能得到別樣的理解嗎？（140 頁）

這裏，王蒙宣揚的仍然是那一套「識時務者為俊傑」「明哲保身」的人生哲學。明明對《人妖之間》一肚子意見，卻三緘其口，因為當時該作者如日中天，該作品好評如潮。以王蒙的聰明，他當然不會做以少戰多以卵擊石的蠢事。

現在，那位「備受打擊的記者」過氣了失寵了而且也告別人世了，於是王蒙開始反戈一擊一吐為快了。然而，在事隔多年後，在對手缺席且無法辯駁的情況猛批對方，恐怕只能暴露自己的世故與怯懦。在王蒙獅子般兇悍的言辭背後，我看到的是兔子般怯懦。

王蒙自己明哲保身，但卻看不慣別人的明哲保身。對於《人妖之間》的作者，王蒙做了這樣一番評價：

> 甚至於，你多半不會知道，有趣的是，連被一般人認為最「左」的人對此公也並不怎麼反感，甚至某些時候還願意為他說兩句話。那些朋友最最不能容忍的不是大言的此公，而是當時的作協文聯領導。原因就在於此公是一個大話狂，他的所有的話都不涉及文藝界的領導權問題，不涉及文藝領導的任何運作尤其是人事安排，他不威脅任何中央級國家級文化圈的的省部廳局處科股級幹部，他只揭露地專以下的地方官，兔子不吃窩邊草，他雖然氣勢如虹，下筆千鈞，不是批這級黨委就是批那級政府，但從來，沒有說過他身邊有什麼黑暗，沒有說起過任何中央機關或北京機關有什麼不足。（140 頁）

既然我們不能起「此公」於地下，我們也就無法核實王蒙所說的一切是真是偽了。不過，我認為，即使王蒙所云屬實，那也只能說明「此公」的無奈，不能證明「此公」的可惡。「此公」為何「沒有說起過任何中央機關或北京機關有什麼不足」？因為一旦有誰敢於把矛頭指向中央或首善之區的機關，那他也許很快就失去話語權，所以「此公」之所以這樣做（姑且認為王蒙所說屬實）完全是一種無奈，非不為也，是不能也─這也正是魯迅所說的「壕塹戰」─首先要保護自己，然後才能戰鬥。「此公」為何「只揭露地專以下的地方官」？因為「此公」只有這麼大的能耐，有一分熱，發一分光，也就可以問心無愧了。

倘若王蒙不屑於「不是批這級黨委就是批那級政府」，而是勇於指責「任何中央機關或北京機關」的不足，那他當然有資格有底氣指責

「只揭露地專以下的地方官」的「此公」。但事實是，王蒙連對一篇報告文學的真實看法都不敢吐露，憋在心裏足足20多年，直到作者過氣了失寵了才敢說了。如此世故，如此怯懦，哪來的底氣指責別人呢？五十步笑百步就已然是笑談了了，而王蒙對「此公」批評只能用百步笑五十步來形容，其荒唐指數自然要翻翻。

自己委曲求全作壁上觀，卻指責別人不敢赤膊上陣火中取栗，這能說得過去嗎？

王蒙承認自己欺軟怕硬，對王蒙來說，這是一種保護自己的處世策略。對自己的此一陋習，王蒙有清醒的認識，在自傳中，王蒙對自己有過如下的無情解剖。

> 我只敢譴責那個少不更事的孩子，在「文革」中的本來可以原諒的失誤（把一個「走資派」的藏身地點告訴了造反派，導致了這位「伯伯」的不幸），我不譴責他又去哭誰去？至於他的所謂錯誤，所謂過失，所謂造成的嚴重後果，該去問責於誰，我想那是讀者自己去想，也可以想明白的事。北京有一句俗話，叫做「惹不起鍋就去惹罩籬」，軟弱的文學從來是惹罩籬的能手，文學常常只能敲打罩籬而適當思鍋或避鍋，例如文學家都是善於罵自己一樣軟弱的同行的行家裏手。讀者不是總會明白的嗎？讀者就不會用一下己的頭腦，去想一想罩籬的悲慘處境嗎？（10頁）

王蒙這番掏心窩子的話著實感人。他的自剖無情而準確。「軟弱的文學從來是惹罩籬的能手，文學常常只能敲打罩籬而適當思鍋或避鍋」，誠哉斯言，但我想說的是，還有一種不軟弱的文學，那些敢於

揭露黑暗面的作品就並非軟弱的文學。「例如文學家都是善於罵自己一樣軟弱的同行的行家裏手」，說的好！王蒙對《人妖之間》及其作者的「酷評」證明了他確實「善於罵自己一樣軟弱的同行」，但要說他是這方面的「行家裏手」，我不能同意，因為王蒙的「酷評」自相矛盾、漏洞百出，根本站不住腳，當然也就算不上是「行家裏手」。

　　一個人，對自己的錯誤有清醒的認識，但卻忍不住在生活中一犯再犯，這真是一樁令人悲哀有令人費解的事！

閱讀與差異
——關於《包法利夫人》的閱讀研究

　　作為文學史上的名著,《包法利夫人》經受住了時間的考驗。迄今為止,哪怕是再挑剔的讀者,也無法從這部傳世名作中找到破綻或敗筆。不過,在對該書的一片叫好聲中也存在著一些容易被人們所忽略的差異。讀者的性別不同、知識面的多寡乃至知識結構的相異都會使他們對這部名著做出不盡相同的評價。

　　作家王安憶在重讀了《包法利夫人》後,寫了一篇讀後感,其中談到愛瑪的悲劇緣由,王安憶有如下觀點:

> 　　設想成為另一個樣子的能力,是從愛瑪十三歲的時候開始孕育培養的。那一年,她被父親送去修道院讀書。……。在這裏,終因為遠離中心而綱紀鬆懈。於是,修道院便「充滿溫情」。愛瑪的感傷性格在此得到豐厚又褊狹的營養,她對生活的想像,即「歡愉,激情,陶醉」的概念,也在此完成。在這些概念化的想像之下,蘊含較深又細水長流的日常生活,就顯得太平淡了,平淡到她認為是個錯誤。
>
> 　　……於是,當包法利這個鄉間醫生一旦出現,她(愛瑪)便將幸福的指望交給了他,而緊接著就感到了失望。包法利這個笨人,實在是有著感人的愛,……。這樣的愛是愛瑪沒有從書上

讀過的，因此便是在她想像之外。「而她又沒法理解自己不曾身經的事情」，這其實是致命的缺陷，她的世界就是那麼狹小，她沒有體驗到的情感於她都是不存在的。由於她對客觀的外界缺乏瞭解，或者說理解的願望，她才可能一任發展「設想成另一個樣子的能力」，走入幻覺的深淵。[1]

按王安憶的說法，愛瑪不滿足於細水長流的日常生活，走入幻覺的深淵，主要是因為在她十三歲那年孕育培養了「設想成為另一個樣子的能力」，她為什麼能在那段時間孕育培養了這種能力呢？一是充滿溫情的修道院發展了愛瑪的感傷性格；二是她在修道院讀了大量的浪漫小說，並因此「以她的所好攫取了多愁善感的養料」；三是在修道院，「宗教、教義、宗教儀式，還有修女，為她組織了一個不真實的夢幻世界，她在此沉醉不醒」。概括地說，就是修道院的外部環境造就了耽溺幻想的包法利夫人。

其實，福樓拜創作《包法利夫人》，其目的是想通過愛瑪這個形象寫一種每個人都會有的幻想，正是著眼於這一點，他才對朋友說：「包法利夫人就是我」，也就是說，福樓拜無意在作品中突出環境對人的影響。甚至可以說，在福樓拜眼中，環境對人影響力並不像王安憶所說的那樣大。著名作家納博科夫分析《包法利夫人》時就曾說過，「我反對人們在女主角愛瑪·包法利受到客觀社會環境影響的論題上糾纏不休」，福樓拜這部小說表現的到底是什麼？納博科夫的觀點如下：

三種因素造就一個人：遺傳因素、環境因素，還有未知因素 X。這三種因素相比，環境因素的影響力遠遠弱於另兩種因素，而未知因素 X 的力量則大大超過其他因素。談到小說中的各種人

物，當然是作者在控制、指揮和運用這三種因素。像包法利夫人這個人物一樣，包法利夫人所生活的社會環境也是福樓拜精心創造出來的。所以，說福樓拜式的社會影響了福樓拜式的人物，就是在作無意義的循環論證。小說中的每件事都發生在福樓拜的頭腦中，不管最初那微小的動因是什麼，也不管當時法國的社會環境或是福樓拜心目中的法國社會環境究竟如何。基於這一看法，我反對人們在女主角愛瑪‧包法利受到客觀社會環境影響的論題上糾纏不休。福樓拜的小說表現的是人類命運的精妙的微積分，不是社會環境影響的加減乘除。[2]

納博科夫在這裏所強調的「未知因素 X」，就是通常所說的命運。

評論家李健吾則索性認為就是「未知因素 X」即命運決定了愛瑪人生的悲劇：「她（愛瑪）一生的歷程，只是一種不當有而有的錯誤，猶如查理的充滿諷刺的可憐人語：『一切由命不由人！』」李健吾認為，正因為遇人不淑，機遇不佳，包法利夫人的悲劇才產生。「愛瑪的一生，可以說是瞎碰，其間作祟的，是種種奇巧的不幸的遇合，彷彿隱隱有一種定命論主宰全書的進行。」[3]包法利夫人最終變成了「淫婦」，李健吾認為，罪魁禍首應是「遊戲人間的命運小兒」。

法國批評家布雷地耶的看法與李健吾類似：「假定如今愛瑪沒有生在父親的田園，從小她就不認識鄉間，不知道什麼是『羊叫』，什麼是『奶製的食品』，什麼是『犁』；她女道院的教育絕不會叫她渴望奇遇。少和『平靜的景物』在一起，她也不會企求『意外的遇合』。進一步，假定她沒有遇見包法利這樣蠢的丈夫，……再假定在楊寺，臨到失足，她能夠尋見一個支柱，臨倒傾覆，能夠尋見一個救星，一

位伴侶，然而千萬不要是馴良的何麥夫人，……或者再有一位安慰者，然而千萬不要是牧師布林尼先，……不用說，她失敗，不過另是一種失敗，一種環境造成的新生命，一齣不同的戲，一部不同的《包法利夫人》。」[4]

我不同意李健吾和布雷地耶的看法，事實上，把包法利夫人看作是一個心比天高，命比紙薄的形象，是不符合福樓拜的創作初衷的，另外，福樓拜這部小說也沒有隱含這樣的主題：人，掙脫不了命運的枷鎖。愛瑪的悲劇與命運當然不可能毫無關係，但我認為，導致愛瑪悲劇的罪魁禍首不是「遊戲人間的命運小兒」，而是愛瑪心靈的貧瘠和趣味的庸俗。

福樓拜創作《包法利夫人》的初衷是什麼呢？倘想瞭解這個問題，我們有必要介紹一下該書的寫作背景。

福樓拜在義大利旅行時曾買過一幅畫，即布律蓋勒的《聖安東尼的誘惑》，在法國，他又買了一幅由卡洛製作的同一題材的版畫。他根據這兩幅畫給他的啟發，寫了一部小說，名字就叫《聖安東尼的誘惑》，小說寫完後，他花了四天時間把小說讀給幾位朋友聽。讀完小說後，福樓拜用拳頭敲了一下桌子，問：「怎麼樣？」一個朋友答：「我想你最好還是把它扔到火爐裏去，從此不再提它。」第二天，這個朋友想緩和一下對福樓拜的打擊，就對他說：「你為什麼不寫德拉馬爾的故事呢？」福樓拜一聽，激動得跳了起來，大聲說：「是啊，為什麼不呢？」德拉馬爾在里昂附近的一個鎮上開了個私人診所，後來他妻子死了，他便娶了鄰近一個農夫的女兒。他的這位妻子年輕漂亮，但也風流淫蕩，她不滿乏味的丈夫，經常和別的男人通姦，由於愛打扮、亂花錢，她很快債臺高築又無力償還，最終服毒而死。福樓拜幾乎完全照搬這

件事，寫出了《包法利夫人》。動筆前，福樓拜反覆琢磨，「決定在小說中描寫一群庸俗不堪的人物，決定根據他們的庸俗本性和庸俗環境設計出一連串相應的事件。」[5]

由此可知，福樓拜創作《包法利夫人》就是要寫一部關於庸人的小說。這裏的「庸人」在當時一般是指「布爾喬亞」，這部書中的大多數人物都是「布爾喬亞」，愛瑪也不例外。

> 據說《包法利夫人》中多數人物都屬於布爾喬亞。但我們首先應當弄清楚的是，福樓拜本人使用的「布爾喬亞」這個詞具有什麼含義。除了在法文中常見的「城鎮居民」這個字面含義之外，福樓拜筆下的「布爾喬亞」這個詞指的是「庸人」，就是指關心物質生活，只相信傳統道德的那些人。……福樓拜的「布爾喬亞」指的是人的心靈狀態，而不是經濟狀況。這部小說中有一個著名的場面：一個勤勞的老婦人由於像牛馬般賣力地為農場主幹活而獲得一枚獎章。評判委員會由一夥怡然自得的布爾喬亞組成，他們笑容可掬地望著老婦人。請注意，在這裏，笑容滿面的政客和迷信的老婦都是「庸人」也都是福樓拜所指的那種「布爾喬亞」。[6]

由於在福樓拜的筆下，愛瑪是眾多庸人之一，所以，儘管她有超凡脫俗的外表，但心靈卻貧瘠粗俗。這種貧瘠和粗俗，為她的人生悲劇埋下至關重要的因子。

王安憶認為，愛瑪的悲劇與她的耽溺幻想密不可分，修道院的讀書經歷強化了她的浪漫天性，培養了她的幻想習慣。李健吾也認為，修道院的讀書經歷對愛瑪影響巨大。難道罪魁禍首是修道院，是修道

院裏的讀書氛圍，是她在修道院所讀的那些書？當然不是。我認為，王安憶和李健吾的這一看法十分片面且膚淺。事實上，愛瑪耽溺幻想，「走入幻覺的深淵」不是因為她讀了很多的浪漫作品，而是因為她的心靈貧瘠而淺薄。

> 浪漫這個詞有好幾層涵義。討論《包法利夫人》這本書和包法利夫人這個人物時，我將使用浪漫的下列涵義：「一種夢幻式的，富於想像力的心態，主要由於受到文學作品的影響，時常沉湎於美妙的幻想之中。」（浪漫的，不是浪漫主義文學的。）一個浪漫的人，在精神上或感情上生活在一個非現實的世界之中。這個人是深沉還是淺薄，取決於他（或她）的心靈的素質。愛瑪·包法利聰慧、機敏，受過比較良好的教育，但她的心靈卻是淺陋的：她的魅力、美貌和教養都無法抵消她那致命的庸俗趣味。她對異國情調的嚮往無法驅除心靈中小市民的俗氣。她墨守傳統觀念，有時以傳統的方式觸犯一下傳統的清規戒律。通姦不過是逾越傳統規範的一種最傳統的方式。她一心嚮往榮華富貴，卻也偶爾流露出福樓拜所說的那種村婦的愚頑和莊戶人的粗俗。[7]

由於愛瑪心靈貧瘠，趣味庸俗，對別人是有營養的書，對愛瑪則成了有毒的致幻劑。一方面，由於趣味的庸俗，愛瑪只挑選一些合她胃口的書來讀；另一方面，由於心靈的貧瘠，愛瑪讀書時只能吸收書中的一些糟粕。表面上看，愛瑪的沉湎幻想與書有關，實際上，是因為心靈的貧瘠和趣味的庸俗，她讀書時不能像別人那樣取其精華去其糟粕，結果種下了愛幻想的病根。

　　讀書本身沒有錯，然而，一個不會讀書的人讀了大量的書，問題就嚴重了。不是有這樣一句名言嗎：「把一本書放在一個無知者的手中，如同把一把劍放在一個孩子手中一樣危險。」而愛瑪讀書時恰恰就像一個淺薄無知的孩子那樣：

> 第六章中以追憶的形式描寫了愛瑪的童年，她如何受到淺薄的浪漫主義文化的薰陶，讀了些什麼書，從書裏學到了什麼。愛瑪讀了許多傳奇故事，許多帶有異國情調的小說，許多浪漫派詩歌。……。作家好壞倒無關緊要，我要說的是，愛瑪不是一個善於讀書的人。她讀書太動感情，以淺薄無知的孩子的方式，讓自己去充當小說裏某個女角色。[8]
>
> 那些專好讀催人淚下的詩歌的人，那些崇拜賴昂和愛瑪認為高尚的小說人物的人，根本就不配讀書。孩童們常將自己與書中的人物等同起來，這情有可原；他們愛讀文筆拙劣的冒險故事，也是可以原諒的。但愛瑪和賴昂也這樣讀書，則是另一碼事了。[9]

　　為什麼說孩童這樣讀書「情有可原」呢？因為，孩童會長大，長大後，他們就會分清書中的世界和現實的世界是有著很大差別的，更不會「將自己與書中的人物等同起來」。而愛瑪則一直像孩子那樣讀書，當然就行不通了。

　　由於心靈貧瘠，趣味庸俗，愛瑪無法成為一個合格的讀者，這樣，她一方面從書中吸收了一些糟粕，另一方面也把書中的世界與現實中的世界、生活中的自己和書本裏的角色混同起來，她的人生悲劇由此慢慢形成。

　　王安憶認為，愛瑪身上「致命的缺陷」，是「沒法理解自己不曾身經的事情」，意思是愛瑪沒有在小說中或生活中遇到過類似包法利醫生所給予她的這種深愛，所以她不理解這種愛，當然也就不會珍惜，於是，她不滿自己的婚姻，不甘心安分守己做包法利的黃臉婆，從而「走入幻覺的深淵」，釀成人生悲劇。而納博科夫認為，愛瑪的致命之處是其「庸俗趣味」。誰的看法有道理？我認同後者的說法。因為愛瑪並非不理解包法利對她的愛，真實情況是，愛瑪很看重包法利對她的愛但她卻無法接受包法利這個人。福樓拜筆下的包法利，愚鈍、笨拙、遲緩、毫無魅力、沒有頭腦、缺乏教養，信守著一整套傳統觀念和習俗，儘管他忠厚老實，但他只能喚醒愛瑪對他的憐憫，而無法獲得愛瑪的愛。如同安娜・卡列利娜不滿自己的丈夫卡列寧一樣，愛瑪也不滿自己丈夫包法利，這是正常的可以理解的。

　　對愛瑪的丈夫包法利，王安憶的評價很高，她認為，愛瑪能嫁給包法利簡直是一種「福分」：

> 像愛瑪這樣一個鄉下地主的女兒，與好名聲的包法利醫生結
> 婚，已是她的福分。再不會有更加出奇制勝的機遇了，除非出
> 現神話，比如辛德瑞拉的故事。[10]

　　我不同意王安憶的看法。身為女人，難道只要丈夫忠厚老實，不沾花惹草，哪怕他再無能、愚鈍、乏味、遲緩，自己也該滿足嗎？王安憶認為，愛瑪是一個鄉下地主的女兒，她的社會地位決定了她不可能遇到比包法利更好的丈夫，這個武斷的看法缺少根據。是的，愛瑪出身不高貴，但我們不要忘了愛瑪作為女性具有令人豔羨的美貌，美貌就是女人的資本，一個鄉下地主的女兒完全可以憑藉自己出色的美

改變自己的命運，找到一位如意郎君。當然，愛瑪確實不可能像辛德瑞拉那樣遇到一位白馬王子，但嫁給一個比包法利有品位有魅力的男人，是完全有可能的。

有趣的是，李健吾的觀點與王安憶完全相反。李健吾認為，愛瑪嫁給包法利不僅不是如王安憶所說的什麼「福分」，恰恰相反，那是一朵鮮花插在牛糞上，這場婚姻對愛瑪來說就是悲劇，換句話說，倘若愛瑪所嫁的男人不是這個鄉村郎中而是其他什麼人，愛瑪的人生結局就不會「悲慘到了不可救藥的地步」：

> 我們平常有一句俗語，叫做彩鳳隨鴉，正好應了包法利夫婦。他們的婚配，從頭到尾是錯誤。各人走各人的路，幸福我們不敢說，至少結局不會悲慘到了不可救藥的地步。他們的性情絕對沒有調和的可能，好像一枚錢的不同的正反兩面，卻合在一枚錢上。他們並不衝突，然而就是貌合神離，攏不在一起。如果烏鴉自覺，一定會交還彩鳳的自由，不是憐惜彩鳳，是怕自己難堪。[11]

對愛瑪嫁給包法利這件事，王安憶和李健吾所持的觀點竟截然相反，為什麼會這樣？我的看法如下，女性讀者（如王安憶）對另一個女性的美有一種本能的嫉妒（潛意識裏），所以她（如王安憶）會忽略愛瑪美貌的價值和功用；男性讀者（如李健吾）對另一個男性的豔福有一種本能的嫉妒（潛意識裏），所以他（如李健吾）會誇大愛瑪美貌的價值和功用。

在王安憶看來，愛瑪的悲劇就在於她不甘心過平淡而真實的生活，一味「沉溺於自我幻覺」、「一廂情願地製造神話」，結果只能是頭破血流，最終香消玉殞。

　　我不同意這樣的看法。任何一個充滿青春活力的女性都無法忍受愚鈍、遲緩、沉悶、乏味的包法利。愛瑪想離開包法利追求新的生活，不僅是可以理解的而且是值得尊敬的。「愛瑪不是一個弱者，她的悲劇和全書的美麗就在她反抗的意識，這種反抗的意識，因為福氏只從藝術家的見地來看，最初僅止於人性的自覺，這裏的問題是：如果比起四周的人們，我們應該享受一種較優的命運，為什麼我不應該享受，為什麼我非特不能享受，而且永生和他們拘留在一起呢？」[12]

　　由於心靈貧瘠、趣味庸俗，愛瑪在追求新的生活時往往選擇了錯誤的目標。對愛瑪來說，悲劇不在於她對生活的勇敢追求，而在於她在追求時，目標一錯再錯。倘若把一堆書放在愛瑪面前，她選擇的往往是內容俗豔的那幾本；倘若把一群男人放在愛瑪面前，她相中的往往是輕浮油滑的那個人，因為，愛瑪是福樓拜在作品中塑造的一個庸人，她淺陋庸俗的本性，決定她只能做出這一選擇。正因為愛瑪是一個缺少眼光的庸人，在追求新的生活時，她不是被人騙，就是錯把小人當君子。無論是讀書，還是「閱人」，心靈貧瘠，趣味庸俗的愛瑪都不是一個合格的「讀者」。愛瑪的最大悲劇，不是她的卑微的出身，也非她的身在福中不知福，而是她的庸人的天性，決定了她在追求人生時不能做出正確的選擇。她的可悲在於，既不能分辨書之良莠，也無法識別人之好壞。

　　《包法利夫人》寫的是一個庸人的故事，但這部關於庸人的小說卻成了罕見的傑作。作者福樓拜是如何做到這一點的呢？對此，英國作家毛姆有精當的分析。

　　　　福樓拜自己也知道，要寫一部關於庸人的小說，很可能寫出來
　　　　之後會使人覺得枯燥乏味。但他決心要寫一部藝術作品來。他

覺得只有用優美的文體才能克服由於題材的卑瑣和人物的粗鄙造成的種種困難。[13]

這部小說的文體之優美主要體現在以下幾個方面：

真實性

我首先要指出的是，他以一種完美的技巧刻畫了人物性格。他們的真實性令人信服。我們一見到他們就會接受他們，好像他們是這個世界上的活生生的人，就用自己的雙腳站在我們面前。我們會覺得有關他們的一切都是理所當然的，就像我們生活中遇到的管道修理工，雜貨鋪老闆和醫生一樣。我們好像不會想到，他們其實是小說裏的人物。[14]

精確性

布封有一句格言：要想寫得好，就得感覺得好，思考得好，敘述得好。福樓拜以此自勉。他認為，要形容一樣東西，只有一個詞最貼切，不可能有兩個同樣貼切的詞，所以用詞就必須像手套一樣要正正好好適合對象。他立志寫出一種既暢達又精確、既簡潔又多變的散文。他要把散文寫得像詩歌一樣有韻律、有節奏、有樂感，同時又不失散文的本色。只要能有助於達到上述效果，他不僅隨時準備使用日常用語，如有必要，甚至還使用粗俗的俚語。所以這一切，他當然做得非常出色。[15]

結構出色

> 這部小說的結構也非常出色。小說的主人公是愛瑪‧包法利，但小說一開始卻是寫她丈夫包法利醫生的早年生活和第一次結婚，最後又以他的精神崩潰和死亡作為結尾。有些批評家認為這是缺點，我卻認為這是福樓拜有意設計的，也就是把愛瑪的故事鑲嵌在她丈夫的故事裏，就像把一幅畫鑲嵌在畫框裏一樣。[16]

在對《包法利夫人》的評析中，王安憶、李健吾、毛姆、納博科夫的看法有相同之點也有不同之處。准此，我們或許可得出如下結論：

由於性別、閱歷、趣味、身份等方面的差異，導致人們對《包法利夫人》的評價也不盡相同，有些觀點甚至截然相反。在一片眾聲喧嘩中，有的是膚淺的皮相之見；有的是片面的一家之言；有的則是離題的自說自話。我認為，作為讀者，必須充分瞭解作家的創作初衷，貼近文本，用心細讀，悉心揣摩，才能從眾聲喧嘩中分辨出那些力透紙背、入木三分、發人深省、啟人心智的的真知灼見。這樣，我們才能做一個迥異於愛瑪的合格的「讀者」。

註 釋

[1]　引自王安憶著:《我讀我看》,上海人民出版社,2001 年出版,第 69 頁。

[2]　引自〔美〕弗拉基米爾‧納博科夫著,申慧輝等:《文學講稿》,上海三聯書店,2005 年出版,第 114 頁。

[3]　引自王光東主編:《大學文學讀本》,廣西師範大學出版社,2007 年出版,第 342 頁。

[4]　同注【3】,第 343 頁。

[5]　引自毛姆著,劉文榮譯:《毛姆讀書隨筆》,上海三聯書店出版,1999 年出版,第 177 頁。

[6]　同注【2】,第 115 頁。

[7]　同注【2】,第 118 頁。

[8]　同注【2】,第 121 頁。

[9]　同注【2】,第 132 頁。

[10]　同注【1】,第 71 頁。

[11]　同注【3】,第 341 頁。

[12]　同注【3】,第 343 頁。

[13]　同注【5】,第 180 頁。

[14]　同注【5】,第 177 頁。

[15]　同注【5】,第 181 頁。

[16]　同注【5】,第 179 頁。

再堅硬的女人也有一道隱祕的傷口
——卡森・麥卡勒斯《傷心咖啡館之歌》文本細讀

　　關於《傷心咖啡館之歌》，作家蘇童有如下評述：「卡森・麥卡勒斯《傷心咖啡館之歌》我讀過兩遍。第一遍是高中時候，我用零花錢買了生平第一本有價值的文學書籍，上海譯文出版社的《當代美國短篇小說集》。通過這本書我初識美國文學，也初讀《傷心咖啡館之歌》。當時覺得小說中的人物太奇怪，不懂其中三昧。到後來重讀此篇時，我不禁要說，什麼叫人物，什麼叫氛圍，什麼叫底蘊和內涵，去讀一讀《傷心咖啡館之歌》就明白了。」

　　看來，對於《傷心咖啡館之歌》這樣的傑作，如果你一目十行、走馬觀花，那你只會覺得「小說中的人物太奇怪」，「不懂其中三昧」，只有悉心揣摩，細心領會，用心去讀，才能明白作品的底蘊和內涵。

轉換的兩極：引人入勝的情節

　　在作品的開頭，作者以其細膩、精緻、帶有夢幻色彩的筆調刻畫了愛密利亞小姐這個人物，她高大、堅硬、怪異、孤僻。旁人眼中她，總是高掛一臉秋霜，讓人難以接近難以捉摸，通常，她的表情不僅拒人於千里之外，且予人以凜然不可侵犯之感。正因如此，當外貌更為怪異的「羅鍋」打著投奔親戚的旗號找到愛密利亞小姐時，幸災樂禍

的旁觀者以為有好戲看了，憑著對愛密利亞的暴躁脾氣的瞭解，他們斷定，即使她不把這位來路不明的「羅鍋」暴揍一頓，至少也會把他轟出家門。然而結局卻使人們大跌眼鏡，愛密利亞一反常態，不僅收留了這個形跡可疑的「羅鍋」，而且對這個不速之客關懷備至。「羅鍋」的到來使愛密利亞彷彿變了個人，冷硬的她變得溫軟起來。「羅鍋」喚醒了愛密利亞內心密封多年的溫情，惟其密封多年，一旦被喚醒便呈氾濫成災之勢。愛密利亞對「羅鍋」的呵護到了不折不扣的溺愛程度。

愛密利亞由冷硬轉向溫軟，使作品波瀾迭起，懸念頓生。急欲獲悉內情的讀者也開始興味盎然，欲罷不能。然而，隨著閱讀的深入，讀者不僅沒能如願以償找到愛密利亞由硬到軟突然轉換的原因，反而「遭遇」了作者精心設計的另一次兩極轉換。

愛密利亞的溺愛使「羅鍋」變得有恃無恐，驕橫跋扈，在愛密利亞的放縱下，這個原本猥瑣窩囊的可憐蟲變得像紈絝子弟那樣任性和驕橫。更令人困惑的是，對於愛密利亞的關心與呵護，「羅鍋」不僅沒有予以回報，反而在愛密利亞生死攸關的時刻，給了她致命一擊。當愛密利亞與前來尋釁的前夫馬文‧馬西扭打正酣，且愛密利亞即將獲勝之際，「羅鍋」恩將仇報，竟用手去抓愛密利亞的脖子，結果讓愛密利亞功虧一簣敗在前夫馬文‧馬西手下。

> 可是就在這一剎那間，就在勝利即將贏得的時分，咖啡館裏響起了一聲尖厲的叫喊，使人起了一陣猛烈的寒顫，從頭頂順著脊樑往下滑。這時候發生的事從此以後就是一個謎。全鎮的人都在，都是見證，可是有人就是不敢相信自己的眼睛。李蒙表哥（小羅鍋）所在的櫃檯離咖啡館中心格鬥的地方，至少有十二英尺遠。可是就在愛

> 密利亞小姐掐住馬文‧馬西喉嚨的那一刻，羅鍋縱身一跳，在空中
> 滑翔起來，彷彿他長出了一對鷹隼的翅膀。他降落在愛密利亞小姐
> 寬闊的肩膀上，用自己鳥爪般細細的手指去抓她的脖子。
> 這以後是一片混亂。還不等人們清醒過來，愛密利亞小姐就打敗了。

愛密利亞對羅鍋的愛換來的卻是羅鍋的恨，這樣的轉換委實令人
費解，正如作者所說的那樣，這「就是一個謎」。

以上提到的兩次轉換構成作品中的兩大謎，它使作品顯得撲朔迷
離的同時，也為我們的閱讀設置了障礙。事實上，只有破解了這兩個
謎，你才能像蘇童那樣明白這篇小說的底蘊和內涵。

> 梅菲斯特將浮士德的生活變成藝術創造之後，浮士德周圍的一切
> 都改變了。他所在的每一個環境，都變成了有靈性的舞臺佈
> 景；他所遇到的每一個人或神，都是一個比喻，一個深而又深的謎。
> 整個大千世界也成了這種永恆之謎。梅菲斯特的最大功績就在於
> 讓浮士德在猜謎中學會兩極轉換的魔術——這個藝術的真諦。[1]

看來，如果我們破譯了作品裏的轉換之迷，我們也就能領悟到「藝
術的真諦」。

詭譎的人性：耐人尋味的底蘊

在通常情況下，愛密利亞確實堅硬、冷漠，然而，在面對某種特
殊的群體，在某個特別的時候，愛密利亞溫柔和善的一面便顯露出來。
比如，作品中特別寫道她喜歡給人治病：

辦公室也是愛密利亞小姐接待病人的地方，她喜歡給人治病，也
經常給人治病。整整兩個架子上放滿了各種藥瓶與醫療用具。靠
牆根放著一張給病人坐的長凳。她給病人縫傷口時用的是燒過的
針，這樣傷口才不至於化膿。治療燒傷，她有一種讓人涼快的糖
漿。對於不能確診的病痛，她也有各種各樣親自按祕方煎製的
藥。這些藥吃下去對於通便非常靈驗，可是不能給幼兒吃，因為
吃了會抽風；對於幼兒，她特地配置了一種完全不同的藥，溫和
得多，也甜得多。是的，總的說來，大家都認為她是個好大夫。

這說明，愛密利亞的堅硬和冷漠完全是自製的盔甲，作為一名孤
單的女性，躲在盔甲裏的她才感到安全、自在。一旦面對病人面對弱
者，她緊閉的心門會悄悄打開一條縫，她的柔情和溫存會從中洩露出
來。只有在弱者、孩子面前，愛密利亞才如同脫下戰袍的花木蘭，恢
復了柔軟溫存的女兒身。

這樣，我們就理解了，為什麼「羅鍋」的到來會喚醒愛密利亞內
心封存的溫情，為什麼「羅鍋」的出現會讓愛密利亞由堅硬轉向溫軟
了。因為，「羅鍋」正是以弱者身份出現的。

有這麼一種人，他們身上有一種品質，使他們有別於一般更加
普通的人。這樣的人具有一種原先只存在於幼兒身上的本能，
這種本能使他們與外界可以建立更直接和重大的聯繫。小羅鍋
顯然就是這樣的一個人。

堅硬、冷漠的愛密利亞是戴著面具的女人，一旦卸下面具，這個
冷漠的女強人就變得溫情脈脈了。換言之，堅硬的愛密利亞和溫柔的

愛密利亞其實是一個人。作者麥卡勒斯洞悉了心靈的奧祕，便在作品裏完成了這樣的兩極轉換。戴著面具的愛密利亞和卸下面具的愛密利亞既是不同的又是同一的，這正是作品令人感興趣的所在。作家殘雪對作品中兩極轉化有如下看法：

> 可以說，關於人生的演出同化裝舞會十分類似，而處在社會中的人就是戴著面具表演的人。在為魔術操縱下的藝術舞臺上，更是面具下面還有面具，以至無窮。令人感興趣的是面具同面具下面的『人』既是不同的又是同一的，奇妙的演出隨時可以打破表面的禁忌，讓下面的東西直接展露，而同時還要讓人感到那種深層的和諧。歌德堪稱是這種表演的大師，只有極其深邃的心靈可以輕而易舉地完成這種轉換。[2]

我以為，麥卡勒斯也是「這種表演的大師」，因為在《傷心咖啡館之歌》中，作為作者的她完成了這種兩極轉換。

在愛密利亞的呵護下，「羅鍋」的身體一天天強壯起來，他的自我也一天天強大起來。作為孩童的「羅鍋」，對愛密利亞的關切甘之如飴；然而，在愛密利亞一腔柔情的滋養下，「羅鍋」的自我迅速進入青春期，這時候的羅鍋，則把愛密利亞的溺愛視為溫柔的枷鎖。為了顯示自己日益豐滿的羽翼，展示自己日益強大的力量，「羅鍋」變得驕橫恣睢，在叛逆道路上越走越遠。所以，當愛密利亞以前的丈夫現在的對手——馬文‧馬西剛一出現在小鎮上，羅鍋的叛逆便有了明確的方向，他一整天都跟在馬文‧馬西後面，並且把他請進自己和愛密利亞共同的家中。

小羅鍋瞧瞧站在櫃檯後面的愛密利亞小姐。他臉上沒有一點懇求的意思；他好像很有自信心。他把手反剪在背後，自負地豎起耳朵。他雙頰通紅，眼睛閃亮，他的衣服完全濕透了。「馬文‧馬西要上咱們家來作一陣子客，」他說。

「羅鍋」崇拜馬文‧馬西，心甘情願做馬文‧馬西的跟屁蟲，他這樣做，一方面，是出於自尊，表明自己並不在乎愛密利亞的關心、呵護，他想以此告訴人們，他之所以寄居在愛密利亞家中不是走投無路乞求愛密利亞的施捨和憐憫，而是出於好心來填補愛密利亞情感的巨大空白的；另一方面，「羅鍋」這樣做也是故意向愛密利亞示威：我羅鍋並不稀罕你給我的一切，恰恰相反，是飽受孤獨煎熬的你離不開我，我離開你反而可以活得更滋潤更自由更瀟灑！「羅鍋」崇拜馬文‧馬西，且大張旗鼓在眾人面前張揚這種崇拜，其道理在此。

「羅鍋」出現以前，愛密利亞絲毫不怕馬文‧馬西，事實上，馬文‧馬西就是被愛密利亞趕出家門的。然而，現在，愛密利亞卻有點膽寒馬文‧馬西了，為什麼？因為愛密利亞內心的溫情已被「羅鍋」喚醒，她已經不是以前那個心硬如鐵的「鐵娘子」了而是一個溫情四溢的小女人了，當一個人露出了她內心最柔弱的部分時，她事實上已暴露出自己的傷口，這樣一來，她當然不會像以前那樣無所畏懼了。另外，由於「羅鍋」崇拜馬文‧馬西，整天跟在馬文‧馬西後面跑，愛密利亞即使橫下心和馬文‧馬西交手，也不可避免產生投鼠忌器之感，因為，即使把馬文‧馬西打跑了，羅鍋肯定也跟著跑了。這樣對她來說不是雞飛蛋打雖勝猶敗嗎？那麼，愛密利亞為什麼怕羅鍋離開自己呢？請看文中這段話：

也許是這樣的睡眠不足，蒙蔽了她的智慧；她打算陷害馬文·馬西的一切行動都反彈回她自己身上來。她掉進了自己佈置的圈套，發現一再落在悲慘的處境裏。可是她仍然沒有轟馬文·馬西出門，因為她怕自己變成一個孤獨的人。你和別人一起生活了以後，再獨自過日子就會變成是一種苦刑了。這是時鐘突然停止其的嗒聲時，生了火的房間裏的那種寂靜，是空蕩蕩的屋子裏那種讓人神經不安的影子——因此，與其面臨單獨過日子的恐怖，還不如讓你的死對頭住進來呢。

　　由此可見，羅鍋的存在正是愛密利亞的傷口。馬文·馬西控制了羅鍋，就等於直搗愛密利亞的痛處。

　　在我看來，小說的結尾頗具象徵意味。愛密利亞在和馬文·馬西決鬥時，本來已經勝利在望，關鍵時刻，羅鍋用手去抓愛密利亞的脖子，結果愛密利亞敗下陣來。我認為，羅鍋去抓愛密利亞的脖子，具有雙重象徵意味。首先，羅鍋這一舉動完成了自己的「成人儀式」，因為他這樣做無異於自絕後路，幫助馬文·馬西擊敗愛密利亞，表明他要徹底告別寄生蟲的生活，義無反顧踏上流亡之旅，成長之路。上世紀八十年代末，很多大學生畢業後立志「下海」，他們做的第一件事往往是燒掉文憑，這樣做的目的是給自己打氣，顯示破釜沉舟的決心。「羅鍋」抓愛密利亞的脖子的行為類似於此。在羅鍋投奔愛密利亞時，他徒具一副嗷嗷待哺的沉重的肉身，精神自我則付之闕如，隨著物質生活的改善，他的精神自我慢慢復蘇，且茁壯成長，最終強大到不能不選擇離開。羅鍋從投奔愛密利亞而來到追隨馬文·馬西而去，就是他從自我丟失到自我重建的過程。我以為，羅鍋追隨馬文·馬西而去既

是為了擺脫愛密利亞的過度溺愛而帶來的陰影，也是去開創屬於自己的人生。其次，愛密利亞被「羅鍋」突然襲擊從而敗下陣來，表明愛密利亞不是被誰打敗的，她的失敗完全是自戕的結果。因為，「羅鍋」正是她生命中的一部分，而且是最柔軟最致命的部分。

當一個人動了善念，當一個人內心的柔情被喚醒後，她的生命就有了傷口，這傷口也許可稱之為「阿喀琉斯之踵」。既然有了「阿喀琉斯之踵」，愛密利亞在和馬文‧馬西的惡鬥中當然只能以失敗而告終。羅鍋正是愛密利亞的「阿喀琉斯之踵」。

小說中的兩次轉換使作品波瀾起伏，懸念頓生，撲朔迷離。從故事情節的發展來看，兩次轉換可謂奇峰突起，跌宕起伏，令人訝異，然而從人性的深度來看，這兩次轉化又是那麼絲絲入扣，入情入理，讓人嘆服。

註釋

[1] 引自殘雪著：《地獄中的獨行者》華東師範大學出版社 2008 年出版，第 159 頁。
[2] 同注【1】，第 177 頁。

我破獲了一樁撲朔迷離的「殺人案」
——博爾赫斯的《玫瑰角的漢子》文本細讀

　　博爾赫斯的〈玫瑰角的漢子〉是一篇傳世之作。這篇小說，篇幅雖短，但充滿張力。作者胸有成竹，自始至終，張弓搭箭，卻偏偏引而不發，將扣人心弦的懸念留到了最後。氣氛緊張得令人幾乎窒息；情節詭異得讓人心裏發毛，這樣的小說可以讓你過足閱讀癮。讀罷，掩卷沉思，猛然醒悟，作者似乎在某個不經意的時刻已射出那只叫做謎底的箭，於是，又手忙腳亂迫不及待翻開書，恨不得像高爾基讀《包法利夫人》那樣，一頁一頁對著陽光看：那藝術的奧祕究竟藏在哪裡。不過，對我來說，首要問題是：那個刺死惡漢的元兇（也可稱為英雄）到底是誰？否則，連小說都沒讀懂，哪裡配談什麼藝術的奧祕？

　　小說中的幾個重要人物：

　　雷亞爾：牲口販子，因尋釁滋事最後被某人刺死。

　　羅森多：玩刀子的好手，當地青年人的偶像。那天晚上，不敢接受雷亞爾的挑戰，落荒而逃，不知所終。

　　盧漢娜拉：羅森多的女友，因不滿羅森多的懦弱，投進雷亞爾的懷抱。

　　「我」：一個崇拜羅森多的年輕人，在小說的最後，我們發現，整篇小說就是這個「我」對博爾赫斯講述那天晚上發生的事。博爾赫斯原來是聽眾和記錄者。

事情經過：一個晚上，在人頭攢動的胡利亞舞廳，赫赫有名的牲口販子雷亞爾前來找人打架拼命。他徑直走到好漢羅森多面前，直截了當下戰書：

「我是弗朗思斯科‧雷亞爾，北區來的。我是弗朗思斯科‧雷亞爾，人們叫我牲口販子，這些混小子對我動手動腳，我全沒理會，因為我要找個男子漢。幾個碎嘴子說這一帶有個心狠手辣、會玩刀子的人，說他綽號叫打手。我是個無名之輩，不過也想會會他，討教討教這位好漢的能耐。」

舞廳裏的眾人急切盼著羅森多動手，教訓一下這個不知天高地厚的牲口販子。然而，令人失望的是，羅森多像懦夫一樣拒絕了對方指明道姓的挑戰。雷亞爾不甘休，再次挑戰，羅森多不知羞，再次拒絕。這時，羅森多的怯懦，惹惱了他的那位天生麗質的女友盧漢娜拉，這位有一雙風騷迷人眼睛的女人「輕蔑地瞅著羅森多，頭髮往後一甩，排開女人們，朝她的男人走去，把手伸進他懷裏，掏出刀子，褪了鞘，交給他，說道：『羅森多，我想你用得上它了。』」然而，羅森多接下來的表現令人更加失望、不解。「羅森多雙手接過刀，用手指試試刀刃，似乎從沒有見過似的。他突然朝後一仰，揚手把刀子從窗口扔了出去，刀子掉進馬爾多納河不見了。」

雷亞爾不屑和這個懦夫動刀子了，他輕蔑地對這個昔日不可一世的英雄說：「宰了你還糟蹋我的刀子呢。」盧漢娜拉憤怒了，她投入雷亞爾的懷抱裏，以此羞辱從前的男友（也有可能是為了激怒羅森多，喚醒他的血性，從而接受雷亞爾的挑戰，捍衛一個英雄好漢的尊嚴）。雷亞爾和盧漢娜拉緊緊摟抱在一起，瘋狂扭動的軀體如野火一樣從舞廳一頭燃到另一頭，終於兩人「臉貼著臉出去了」。

　　「我」因為偶像的轟然崩塌而失去精神支柱，內心鬱悶無比，也步出大廳，到外面透透氣。在路上，「我」撞上一個人，此人正是過去的英雄今晚的狗熊羅森多。羅森多還惱羞成怒地對我嘀咕了一句：「你這個混小子老是礙事。」

　　待我再次回到舞廳後不久，有兩個人衝了進來。前面是盧漢娜拉，後面是個身材魁梧的男人，他腳步踉蹌，進來後就摔倒在地。他就是牲口販子雷亞爾。他的胸口有一處很深的傷口。不一會，他因傷勢過重死掉了。

　　那麼，是誰殺死雷亞爾？一直和他待在一起的盧漢娜拉理應心知肚明，我們看看她是怎麼描述當時的情景的：

　　「他胸口有一處很深的傷口；一條猩紅色的腰帶，當初給馬甲遮住，我沒有發現，現在被湧出來的血染黑了。一個女人拿來白酒和幾塊在火上撩過的布片準備包紮。那男人無意說話。盧漢娜拉垂下雙手，失神落魄地望著他。大夥都露出詢問的神情，她終於開口了。她說，她跟牲口販子出去之後，到了一片野地上，突然來了一個不認識的男人，非找他打架不可，結果捅了他一刀，她發誓說不知道那個人是誰，反正不是羅森多。可誰會信她的話？」

　　作者故意在這裏布下迷魂陣。盧漢娜拉看到了那個捅死雷亞爾的人，她說不認識這個人，並說這個人肯定不是羅森多，但作者又加了一句「可誰會信她的話？」如此一來，問題就複雜了，也就是說，盧漢娜拉的話有真有假，哪句是假話，我不敢斷定，我可以斷定的是，至少有一句是真話。我認為，盧漢娜拉說那人肯定不是羅森多，是一句真話。為什麼？因為盧漢娜拉投入雷亞爾懷抱就是因為恨羅森多不爭氣不敢接受對方的挑戰，而她投入雷亞爾的懷抱，

目的之一就是激怒男友，喚醒他內心的血性從而和雷亞爾決一死戰。倘若真是羅森多刺死了雷亞爾，她一定興高采烈，還會如現在這樣失神落魄嗎？而且她會四處宣傳羅森多恢復了昔日英雄的本色幹掉了這個尋釁滋事的傢伙，難道她不想在眾人面前為自己的男友正名嗎？可見，刺死雷亞爾的不是羅森多。既然她那麼迫切希望羅森多能接受挑戰，那麼當羅森多終於下手後，她絕無可能掩蓋自己男友的英雄行為，從而讓羅森多給眾人留下懦夫的印象並因此永遠蒙羞。

既然排除了羅森多，那麼，嫌疑人還剩下兩位。一是盧漢娜拉本人，一是作品中的「我」。讓我們逐一分析一下。

盧漢娜拉。顯然，她有殺人動機，男友被雷亞爾當眾羞辱，作為一位有血性的女人，她能咽下這口氣嗎？於是，她賣弄風騷，將雷亞爾勾引到野外一僻靜處，趁雷亞爾春心蕩漾慾火中燒之際，在對方試圖進入她的身體時，她抽出對方的刀刺入對方胸口。

舞廳中至少有兩人，所持觀點與筆者相同，因為，舞廳中，「有兩人同時高聲說」：「是那女人殺死的。」

然而，作品中的「我」卻不同意這一看法，請看他為盧漢娜拉的「辯解」：「你們大夥看看這個女人的手。難道她有這份氣力和狠心捅刀子嗎？」

平心而論，「我」說的在理，盧漢娜拉有捅刀子的「狠心」，但應該缺少必要的「氣力」。雷亞爾是個少見的壯漢，盧漢娜拉想刺死對方，難度係數太高。這樣一來，盧漢娜拉的嫌疑可排除了。那麼，嫌疑人只剩下最後一個了，就是作品中的「我」。按排除法，共有三名嫌疑人，排除兩個，第三個就是當然的「元兇」。當然，如果我這

樣來判案，案犯和旁觀者都不會心服口服的。也就是說，我必須拿出證據。好在作者博爾赫斯已給我們留下充分的證據。請讓我逐一提供。

「我」崇拜羅森多，和村裏的年輕人一樣，喜歡模仿羅森多的一舉一動，「連吐痰的架式也學他的」。無疑，羅森多是「我」心目中的偶像，我的精神支柱，但令「我」猝不及防而又黯然神傷的是，在雷亞爾前來挑釁的那晚，「我」的偶像在一瞬間轟然倒塌了。突然之間失去了精神支柱，「我」自然會喪魂失魄，怒火中燒。「我」走出舞廳，沿著馬爾多納多河一邊走，一邊陷入沉思。從他內心的思緒中，我們可找到他的作案動機。

「我繼續凝視著生活中的事物——沒完沒了的天空、底下獨自流淌不息的小河、一匹在打瞌睡的馬、泥地的巷子、磚窯——我想自己無非是長在河岸邊的蛤蟆花和骷髏草中間的又一株野草罷了。那堆垃圾中間又能出什麼人物？無非是我們這批窩囊廢，嚷得很凶，可沒有出息，老是受欺侮。接著我又想，不行，居住的地區越是微賤，就越應該有出息。」

你看，本來，「我」把羅森多當做英雄，而現在，羅森多的糟糕表現使我痛苦地意識到，這個骯髒不堪的地方哪會出什麼英雄？「那堆垃圾中間又能出什麼人物？無非是我們這批窩囊廢，嚷得很凶，可沒有出息，老是受欺侮。」然而，「我」到底不能接受這樣的現實，「不行，居住的地區越是微賤，就越應該有出息。」也就是說，既然別人做不了英雄，那就自己去做吧。在這種念頭驅使下，「我」幹了一件英勇的事——刺死雷亞爾。

在「我」的心目中，羅森多是英雄，盧漢娜拉則是美女，英雄配美女可謂天經地義，所以，儘管「我」也很喜歡盧漢娜拉，但卻不敢

存一絲覬覦之心。而現在不同了，現在美女盧漢娜拉和牲口販子雷亞爾混在了一起，想到這一點，「我」就像吞下一隻蒼蠅那樣反胃、嘔心。而且「我」知道，盧漢娜拉不是一個隨便的女人，她不慣逢場作戲，一旦看中某個男人，她會死心塌地忠貞不渝。於是「我」有了這樣的想法：

「我使勁說服自己這件事與我無關，可是羅森多的窩囊和那個陌生人的難以容忍的蠻橫總是跟我糾纏不清。那個大個兒那晚居然弄到一個女人來陪他。我想，那一晚，還有許多夜晚，甚至所有的晚上，因為盧漢娜拉不是隨便鬧著玩的女人。老天知道他們到哪裡去了。去不了太遠，也許隨便找一條溝，兩個人已經幹上了。」想到這裏，作為一名熱血男兒，想必會怒從心頭起，惡向膽邊生的。

如此看來，「我」刺殺雷亞爾的動機有二：

一，這個蠻橫的牲口販子摧毀了「我」心目中的偶像；

二，這個骯髒的外地傢伙玷污了「我」心目中的女神。

不過，僅憑動機是不能結案的。且慢，讓我們睜大眼睛，來一次跟「蹤」追擊，從文本裏找到需要的證據。

「我」在外面除了遊蕩，還幹了什麼，作者沒有說。待「我」再次回到舞廳，作者意味深長地寫道：

「我裝著沒事的樣子混進人群，我發現我們中間少了一個人，北區來的人和其餘的人在跳舞。」請注意這句，「我裝著沒事的樣子混進人群」，如果確實「沒事」，為什麼還要裝呢？這說明「我」確實幹了一件會惹來麻煩的事。

當有人懷疑是盧漢娜拉刺死了雷亞爾時，「我」的表現十分反常。請看：

　　「一個人朝她嚷嚷說是她殺的，大家圍住了她。我忘了自己應當謹慎從事，飛快地擠了進去。我一時情急，幾乎要拔刀子。」

　　「我」為什麼說「自己應當謹慎從事」呢？因為自己幹了一件可怕的事，當然就要「謹慎從事」了；「我」為何「一時情急，幾乎要拔刀子」，因為「我」知道事情的真相，知道盧漢娜拉是無辜的，不想讓盧漢娜拉替自己背黑鍋，所以才十分著急十分憤怒的。

　　接下來，作者告訴我們警察來了，於是眾人把雷亞爾的屍體扔進窗外的河裏。因為「誰都明哲保身，不願意找麻煩。認為最好的辦法是把屍體扔進河裏。」這段文字的最後一句話是「盧漢娜拉趁著混亂之際溜出去了。」這一句是閒筆嗎？不是。因為作者寫這句話是想提醒讀者注意，盧漢娜拉溜出去了，那麼，她會溜到哪裡去呢？如果你最終知道她溜到哪裡去了，相信你也就成功破獲了這個案子。如果你知道她溜出去朝某個住處直奔而去，那麼，你會恍然大悟，發一聲感慨：原來如此！

　　當然，如果作者不給暗示，你我都不能確定盧漢娜拉跑哪裡去了。在小說的結尾，老謀深算的博爾赫斯還是以欲說還休的方式給我們一定的暗示：

　　　我家離這裏有三個街區，我悠閒地溜達回去。窗口有一盞燈光，
　　　我剛走近就熄滅了。我明白過來之後，立刻加緊了腳步。

　　窗口有一盞燈光，說明屋內有人在等候著誰，而「我」剛走近，燈光就熄滅了，說明裏面那個人等的正是「我」。「我明白過來」，說明我知道是誰在等自己，「立刻加緊了腳步」說明屋內那個人也正是「我」渴望見到的人，那麼，屋內的人是誰？對，你猜對了，屋內人只能是

盧漢娜拉。你懷疑我的結論嗎？那麼，讓我們把視線返回到小說的開頭，作者明明寫到：「那晚的事我怎麼都不會忘記，因為盧漢娜拉在我家過夜」。

我們知道，整個晚上，「我」和盧漢娜拉要麼在舞廳，要麼在野外，接近凌晨時，「我」才回家，如果此刻盧漢娜拉不在「我」家，那麼盧漢娜拉那晚就不可能在「我」家過夜的。盧漢娜拉為什麼要在我家過夜？當然是因為「我」刺死了牲口販子雷亞爾給羅森多和盧漢娜拉雪了恥且以此證明，「我」才是當地真正的英雄，那麼，盧漢娜拉，這個多情而剛烈的女人，當然要獎賞給「我」一個「我怎麼都不會忘記」的消魂之夜。這個情節倒讓我想起陳璧君，當汪精衛決定捨身刺殺攝政王時，陳對汪說，我沒有什麼送給你，就陪你睡一晚吧。看來，剛烈女子，不分中外，人同此心，心同此理。

如果所有這些證據還不能說服你，那請你盯緊小說的最後一句話：

> 博爾赫斯，我又把插在馬甲左腋窩下的那把鋒利的短刀抽出來，端詳了一番，那把刀跟新的一樣，精光鋥亮，清清白白，一絲血跡都沒有留下。

當「我」得知家中有位美女在等自己時，為何一邊加快腳步，一邊還有心思把刀抽出來看看呢？因為，那個美女的到來要歸功於這把刀啊！博爾赫斯還是相當仁慈的，他怕我們誤讀，特別強調「那把刀跟新的一樣，精光鋥亮，清清白白，一絲血跡都沒有留下」，倘若這把刀確實是新的，倘若這把刀根本沒刺過人，它當然不會留下絲毫血跡，而只有這把刀當晚刺死了一個惡漢，居然沒有留下一絲血跡，才值得一提，值得「我」和讀者發一聲讚歎的。還有一個證據這裏也不妨說一下。細

心的讀者，你是否記得，那天晚上，「我」和牲口販子有過幾次照面？我來告訴你，在小說中，作者只寫了「我」和雷亞爾見了兩次面，第一次，「我」在舞廳目睹了牲口販子蠻橫地向羅森多挑戰；第二次是在舞廳目睹了被人刺傷的牲口販子跌倒在地，並很快一命嗚呼。然而小說的開頭，作者說的是「我只跟他（指牲口販子雷亞爾）打過三次交道，三次都在同一個晚上」，那麼，「我」和牲口販子的另一次交道，發生在哪裡？作者沒有寫，省略了，但我們應該可以推出，兩次交道是在舞廳裏，第三次交道只能發生在舞廳外面，作者為何對「我」和牲口販子第三次交道緘口不提，原因還需要我說嗎？如果作者把第三次兩人是如何打交道的如實寫來，那這篇小說還值得我們在此囉嗦嗎？

> 博爾赫斯，我又把插在馬甲左腋窩下的那把鋒利的短刀抽出來，端詳了一番，那把刀跟新的一樣，精光鋥亮，清清白白，一絲血跡都沒有留下。

小說最後的這句話暗示我們，作家是以作品中的當事人「我」的口吻來講述這個故事的，自始至終是「我」在講那晚的故事，而作家博爾赫斯不過是個忠實的聽眾和記錄者。博爾赫斯非常喜歡也非常善於通過敘述人稱的轉換來使小說給讀者產生一種衝擊力。那篇著名的〈劍疤〉在這方面表現得更充分更出色。

筆者判案過程就是這樣。下面說說殘雪。殘雪女士在其專著《解讀博爾赫斯》（人民文學出版社 2000 年出版）中有一章專門談到了這篇〈玫瑰角的漢子〉，然而由於殘雪讀得粗疏，她得出的結論非常離譜：

「高明的作者以巧奪天工的天才在結局方面留下了懸念：羅森多是怯懦、卑劣到了極點，從而借助自己的女人的掩護進行了無恥的暗

殺後逃跑了呢，還是壓抑到極點，火山終於爆發，進行了一場壯烈的搏鬥才殺死了雷亞爾？兩種可能性同時存在，任何單方面的推理都得不出結論。」

殘雪認為，肯定是羅森多殺死了牲口販子雷亞爾，她沒有給出任何證據，就想當然地得出如此經不住推敲的結論。作為讀者，當然允許其「大膽的假設」，但沒有「小心的求證」，你的假設恐無法服人。

結論是錯誤的，但這不妨礙殘雪在此基礎上作一番貌似深刻的挖掘和離題萬里的引申。

> 但這正是妙處。只有將這兩種可能性看作人性中不可分的兩個面，才會描繪出完整豐滿的人的立體形象。人如果承受不了自己身上的醜惡，他就無法進行認識自我的事業。羅森多的選擇是及其艱難的，作為人類當中的英雄，他身上的光輝使得他的陰暗面比一般人更黑暗。他將刀子扔進馬納多納多河的瞬間便是決心已下定的瞬間，這個決心就是卑鄙到底，無恥地活下去，但並非對自己的無恥麻木不仁，而是意識到並受到自我意識的殘酷折磨，與此同時還要暗中策劃復仇的事業。羅森多，這個垃圾堆裏的無賴們的頭領，終於為人們做出了活的榜樣。最噁心的與最令人神往的是一個。

不管這番話多麼深刻，它與博爾赫斯的創作初衷，與羅森多這個人物已經相距不可以道裏計，因為，所謂羅森多「將刀子扔進馬納多納多河的瞬間便是決心已下定的瞬間，這個決心就是卑鄙到底，無恥地活下去，但並非對自己的無恥麻木不仁，而是意識到並受到自我意

識的殘酷折磨，與此同時還要暗中策劃復仇的事業」，完全是毫無根據的臆測。所以，殘雪這番話如同囈語那樣讓人不知所云。

對於用心良苦，用文字構築迷宮的作者博爾赫斯而言，讀者殘雪漫不經心的閱讀是一種傷害。

除了情節安排上的天衣無縫外，這篇小說的結構藝術也十分精妙，已達爐火純青之境。筆者概述如下：

一、妙不可言的對稱。博爾赫斯在一篇文章中曾提到，在此篇小說，他「使故事像一種圖表或對稱的圖形一樣發展。」（見《博爾赫斯文集・文論自述卷》海南國際新聞出版中心 1996 年出版第 147 頁）牲口販子雷亞爾在舞廳出現兩次，第一次是蠻橫地要和羅森多交手；第二次則是絕望地和死神「握手」。另一個例子是舞廳裏的窗子，第一次扔出去的是一把刀子；第二次扔出去的是一具屍體。還有，當牲口販子闖進舞廳時，「我」拔出了刀子，而對方不屑動手；待牲口販子拔出刀子後，羅森多也沒動手，兩把拔出的無用武之處的刀子，在此也構成對稱。不過這兩把拔出的刀子後來在舞廳外面卻有一場激烈的格鬥。

二、無處不在的暗示。關於暗示，前文已有所涉及。這裏補充兩例。當「我」第二次回到舞廳後，作者寫道；「我在期待，但不是期待後來的事」，由此可知，「我」在外面和雷亞爾激烈格鬥後，以為把對方刺死了，所以他回到舞廳是在「期待」美女盧漢娜拉，但牲口販子居然沒死，跟著盧漢娜拉進來，而這自然不是「我」所期待的「後來」的事。

當牲口販子終於咽氣後，作者寫道：「我一發現他無聲無息地死了，對他的憎恨也就煙消雲散。」這句話暗示，「我」對死者的態度發生了微妙的變化。正因為有了這一變化，「我」在接下來才會說出這麼一番

話：「據說死者是他那個地區的一霸，誰想到他下場這麼慘，會死在這樣一個平靜無事的地方？我們這裏本來太太平平，誰想到來了外人找麻煩，結果捅出這麼大的亂子？」「我」說這番話，其實是為自己的行為進行辯解，表面上是告訴別人，牲口販子來鬧事，死了活該，骨子裏則是自我安慰，以求得良知上的安寧。在這篇小說中，那些隱祕的暗示如同無形的燈繩，找到它們，幽暗的「迷宮」才會豁然被照亮。

　　三、「別有用心」的省略。博爾赫斯的「省略」和海明威的「省略」是不同的，海氏的「省略」是真正的「省略」，你用不著去猜，因為沒有謎底，再猜也是白費功夫；而博氏「省略」則是為了激發你去猜，你不猜，小說你就永遠也讀不懂讀不透。比如作者在開頭說，「我」跟牲口販子雷亞爾打過三次交道，三次都在同一個晚上，而作者只交代了兩次，如果你不去猜另一次交道在何時何地打的，那作者的意圖你就無法領會。總之，小說中的每句話每個細節，你都不能等閒視之更不能輕易放過。讀這樣的小說，如同和高手對弈，一著不慎，滿盤皆輸。

　　作家精心烹飪的這道菜，我們必須細嚼慢嚥，否則，我們不僅要「暴殄天物」，而且也無法領略其中的深味。

愛，創造了奇蹟
──細讀歐‧亨利《最後一片葉子》

　　瓊希是位年輕的女畫家，她在寒冷的冬天被肺炎擊倒，更要命的是，她似乎失去了求生意志，主治醫生對此一籌莫展，便把瓊希的同屋女友休找來，向她道出問題的癥結所在。

　　一天早晨，那位忙碌的醫生皺起灰白的粗眉毛，把休請到了過道裏。

> 「她還有──就這麼說吧，十分之一的機會，」他說，一面把體溫計的水銀甩落下來。「那個機會就在於她還想活下去。大家如果只顧著在殯儀館排隊，一切藥物也就無能為力。你那位小姐堅信自己活不成了。她心裏還惦記著什麼嗎？」
> 「她，她希望有一天能畫那不勒斯海灣，」休說。
> 「畫畫？廢話！她心裏有值得思念的東西嗎？譬如男人？」
> 「男人？」休吹口琴似地哼了一下。「難道男人值得──可是，不，醫生。根本沒有這回事。」
> 「那麼是由於虛弱了，」醫生說。「凡科學所能做到的，我都會盡力去做，用我的努力。但是，病人一旦數起自己葬禮隊伍中的馬車來，我就會把藥物的效率減去百分之五十。但要是你能

讓他對今冬大氅袖子的新款式提一個問題，那我可以保證，她有五分之一的機會，而不是十分之一。」

醫生的話告訴我們，如果有信心，有強烈的求生意志，瓊希活下來的幾率大大提高，相反，倘若她「堅信自己活不成了」，也就無藥可治了。

然而，瓊希似乎完全絕望了，她現在只關注窗外一根很老很老的常春藤，每天都在數常春藤上還剩下幾片葉子，她腦子了纏繞著這樣一個古怪的念頭：「最後一片葉子掉下的時候，我也得走了。」

終於，常春藤上只剩下最後一片葉子，而瓊希也認為自己走到生命的盡頭了，她對朋友說：「這是最後一片了，我以為夜裏肯定要掉下來的。我聽見風在刮。今天，這片葉子會掉下來，同時我也要去了。」不過，第二天早上，奇蹟出現了，當瓊希吩咐朋友拉開窗簾後，「常春藤葉子還在。」

「奇蹟」的出現使瓊希改變了生活態度，她求生意志復甦了，她有勇氣有信心和病魔抗爭了。

> 「我是個壞姑娘，蘇迪，」瓊希說。「老天有意在那兒留下那片最後的葉子，讓大家看看我有多壞。想死是一種罪孽。現在，你可以端些雞湯給我，還有牛奶，攙點紅酒。還有──不，先拿一面小鏡子來，然後替我墊幾個枕頭，我要坐起來看你做飯。」

有了信心和勇氣，瓊希順利脫離了危險。

那麼，那片葉子真的是老天留下的奇蹟嗎？當然不是。它是一個名叫貝爾曼的老畫家，冒著一夜的風雨，站在扶梯上，畫在牆上的。因為受了風寒，老畫家得了肺炎，由於年老體弱，結果，在瓊希脫離

危險後，他卻不治身亡。不過，老畫家可謂死而無憾，因為，他留下的這「最後一片葉子」，不僅挽救了年輕女畫家的生命，而且也是他一輩子所創作的唯一一幅傑作。

我認為這篇小說，有兩大關鍵問題不可不提。

一、瓊希生病後為何失去求生意志，失去和病魔抗爭的勇氣和信心呢？

從醫生的那句話，我們可瞭解這一點。醫生問瓊希的同屋女友：「她心裏有值得思念的東西嗎？譬如男人」答案是否定的。也就是說，瓊希心裏根本沒有值得她思念和牽掛的人。那麼，她心裏最想的是什麼呢？是她自己。「她，她希望有一天能畫那不勒斯海灣，」休說。

由此，我們可知道，一個陷入自我泥淖中的人，從不關心他人的人，當災難襲來時，她（或他）的精神支柱會迅速坍塌，求生意志也因此消失，從而陷入絕境。

二、老畫家貝爾曼為何在垂暮之年，無意中畫出一幅藝術傑作？

小說告訴我們，貝爾曼已經六十開外，窮困潦倒，艱難度日。更讓他傷心的是，「在藝術上，貝爾曼一事無成，揮舞畫筆四十年，卻未能靠近藝術女神，連她的裙邊都沒碰到。他一直說是要畫一幅傑作，卻從來沒有動筆。幾年來，除了給商業畫或廣告畫之類偶爾塗上幾筆，什麼也沒有創作。」「角落裏放著一個畫架，畫架上是一塊空白畫布，放置了二十五年，等候傑作的第一根線條落筆。」

貝爾曼揮舞畫筆四十年，為何不能靠近藝術女神？畫架上空白畫布，放了二十五年，為何傑作的第一根線條還未落筆呢？

我認為，貝爾曼畫了幾十年，技藝肯定十分精湛，他之所以尚未畫出傑作，是因為他還未能參透生活的本質，未能領悟藝術的真諦。

傑作不光是色彩和線條的組合，傑作必須要有靈魂，而這一靈魂，正是對生活的本質的表達和藝術的真諦的領悟。

那麼，這一次，他為何能畫出「最後一片葉子」這樣的傑作呢？因為他在畫這幅畫時，他想的不是要給自己留一幅傑作，他想的是拯救他人年輕的生命。這一念頭的轉換，使他在無意間參透生活的本質，領悟出藝術的真諦。他本來是要冒死去拯救一個人的生命的，卻無意間完成了自己苦苦追求幾十年的傑作。他的付出與收穫驗證了《路加福音》的一句話：

　　那試圖拯救自己生命的，必將失去他的生命；
　　那將失去生命的，他的生命將被拯救。

你看，當貝爾曼一心想著為自己畫一幅傑作時，他怎麼也畫不出來；而當他將付出一切去拯救他人的生命時，他夢寐以求的傑作誕生了。他在拯救女畫家的生命的同時，也拯救了自己的藝術生命。

在貝爾曼冒死畫出「最後一片葉子」之前，他和瓊希所犯的錯誤是相同的，那就是只想著自己，只想著能畫出屬於自己的傑作。而當他們完全陷入自我的小天地時，又怎能識透人生的大意義。如此，他們所期待的傑作也就無法完成了，因為他們尚未找到傑作所需要的靈魂，缺少靈魂，技藝上的爐火純青，是無法使他們抵達藝術之巔的。羅素曾說過：一個人的生命如果不同世界上其他生命聯繫在一起，那麼他就雖生猶死。那麼，當一個人處於「雖生猶死」的境地，他還能畫出傑作嗎？而一旦貝爾曼冒死去救另一個人時，他在無意間已找到了生活的意義，找到了傑作所需要的靈魂，於是，他順理成章抵達了「雖死猶生」的境界。

　　當老畫家貝爾曼整天想著要畫出自己的傑作時，而對他人漠不關心時，他過的是「雖生猶死」的生活，而當他決定冒死去救女畫家後，他的行為使他「向死而生」。

　　無疑，「最後一片葉子」的誕生是一次「奇蹟」。在女畫家瓊希眼裏，那是老天留下的「奇蹟」，昭示她要去熱愛生活；對於老畫家貝爾曼來說，那則是一次藝術上的「奇蹟」，追求了大半輩子的傑作，居然在一個風雨之夜於無意間妙手偶得了。那麼，是什麼創造了這個奇蹟？當然是對他人的關心對他人的愛，如果老畫家只想著自己，沒有拯救他人生命的熱望，他會以衰弱之身冒雨去畫這「最後一片葉子」嗎？如果他不去畫，仍然陷入自我的小天地裏，那麼，女畫家瓊希也許會因為失去信心和勇氣而不治身亡，而他自己雖然可以苟延殘喘下去，但卻永遠地與自己所渴望的傑作失之交臂了，那樣他也就永遠地處於「雖生猶死」的悲慘境地了。

　　當女畫家瓊希終於領會「最後一片葉子」的真正含義是：只有把自己的生命與他人聯繫在一起，你的生命才有意義後，她才能洞悉生活的本質，才能隨時隨刻去準備付出自己的愛，如此，在今後的生活中，遭遇再大的打擊和挫折，她也不會灰心。因為，當她決定去付出自己的愛後，她將獲得更多的愛；當她無懼失去自己的生命去拯救他人時，他的生命將被拯救。

　　當一個人領悟出人生的意義在於愛他人後，他會無懼於任何打擊，同時也會抵達成功的巔峰，作品中兩位畫家的經歷已經雄辯地證明了這一點。

　　羅丹說過：「要點是感動，是愛，是希望，戰慄，生活。在做藝術家之前，先要作一個人！」老畫家貝爾曼在人生的最後時刻，因為

「愛」，找到了生活的意義，具備了「先要作一個人」的必備條件，並在那個風雨之夜，由人昇華為藝術家。而年輕畫家瓊希因為「讀」懂了那「最後一片葉子」，而明白了生活的意義，相信不久後的她也能完成「先要作一個人」的過程，並在此基礎上，經歷從人到藝術家的蛻變，最終美夢成真畫出她心目中的那不勒斯海灣。

致命的幻覺
——張愛玲《色·戒》讀後

　　因李安電影的成功，張愛玲的小說《色·戒》又煥發了第二春，不僅再次進入人們的視野，一度還成了茶餘飯後最熱門的話題。筆者亦不能免俗，看了電影，意猶未盡，又重讀了一遍小說《色·戒》。讀後，我發現，張愛玲的這篇小說與其另一篇短篇小說《封鎖》有著驚人的相似，也有著重大的不同。那麼，在什麼地方相似，在哪裡不同呢？這裏姑且賣個關子，容後細說。

　　我們先來看看《色·戒》中的「戒」是何意思，有人把這個標題理解成戒色，意思是警告人們不能像易先生那樣好色，否則會招來殺身之禍。我想，張愛玲不可能同意這種看法，以張愛玲的脾性，她怎麼會扮演道德家的角色呢？在張愛玲眼中，男人身上諸多缺點中，好色可能是最可以原諒的。張愛玲和胡蘭成熱戀時曾在信中對胡蘭成說：「我想過，你將來就只是我這裏來來去去亦可以。」可見，張愛玲對胡的貪色並不深惡痛絕，而是能容忍，用胡蘭成的話來說，就是：「我已有妻室，她並不在意。再或我有許多女友，乃至狎妓遊玩，她亦不會吃醋。她倒是願意世上的女子都喜歡我。」這樣的張愛玲會勸他人戒色嗎？

　　另外，在作品中，易先生從事的是朝不保夕、險象環生的高危職業，美色之於他是極度緊張後的放鬆，所以，倘想勸這種人戒色，首先得勸他換工種，否則只能是對牛彈琴，白費唇舌。

　　我認為，《色‧戒》中的「戒」就是指作品中一個關鍵道具——鑽戒。「色」和「戒」是作品中的兩大關鍵要素。王佳芝本來要以色為誘餌達到除掉易先生的目的，但由於那顆碩大的鑽戒的出現，她以為對方愛上她了，心弦一亂，整個故事在電光火石中峰迴路轉，她由「獵人」變成了「獵物」。

　　一個以「色」勾對方的命，一個以「戒」釣對方的心。結果，男人贏了，這說明了什麼？說明女人難以抗拒「物」？一顆非比尋常的鑽戒就足以籠絡女人的心？不，張愛玲在小說中告訴我們，女人看重「物」不是出於貪財，而是她往往能從「物」中窺見男人的心，或者可以說，女人是憑藉「物」來估量男人的情。在作品中，當鑽戒出現後，易先生的表情在王佳芝眼中有了令她心動的涵義：

> 他的側影迎著臺燈，目光下視，睫毛像米色的蛾翅，歇落在瘦瘦的的面頰上，在她看來是一種溫柔憐惜的神氣。
> 這個人是真愛我的，她突然想，心下轟然一聲，若有所失。

　　這一切當然是王佳芝在鑽戒的蠱惑下產生的幻覺，對她而言，這一幻覺是致命的。在你死我活的關鍵時刻，王佳芝不合時宜地產生了被愛的幻覺，結果放走「獵物」，害死了自己。在張愛玲筆下，女人總是不爭氣不死心，她們總是對男人對愛報有幻想，她們總是把男人心不在焉的逢場作戲當作一往情深的山盟海誓。這一點，正是《色‧戒》和《封鎖》的相同之處。

　　《封鎖》裏的翠遠不正是因為不甘心生活的平庸，不滿足無愛的人生，而把一個男人在「封鎖」期間無聊的搭訕當作了真情的表白了嗎？

　　因為渴望，因為憧憬，王佳芝和吳翠遠只得饑不擇食把幻覺當作了現實，如同在海上漂泊了很久的水手把遙不可及的海市蜃樓當作了咫尺之間的人間仙境。在王佳芝和吳翠遠身上，有著揮之不去的包法利夫人的影子，事實上，這兩個女人和包法利夫人一樣，為了追尋根本不存在的浪漫的愛而不惜毀壞自己正常的生活。

　　不過，寫《封鎖》時，張愛玲在筆下人物吳翠遠面前尚存一份優越感，她居高臨下地審視她，諷刺她的多情，調侃她的可笑！因為那時的張愛玲，正和胡蘭成相親相愛，她洞悉吳翠遠的弱點，對自身存在的同樣弱點卻渾然不覺。那時的她對自己的愛情還有著足夠的信心。寫《色·戒》時，張愛玲已失去了面對筆下人物的那份優越感，她刻畫王佳芝時，字裏行間有一種蝕骨的悲涼，因為其時張愛玲已移居美國，她和胡蘭成那段不堪回首的愛情，傷透了她的心，她也因此認識到愛的本質是虛無，同時對自身作為女性具備的弱點也已也洞若觀火。因此，在王佳芝身上流淌著張愛玲的血液，用李安的話說就是：「她借用一個不同的身份來講她自己的事」。王佳芝因為產生被愛的幻覺而喪生，她張愛玲不也如此嗎？唯一的區別也許是：王佳芝已香消玉隕，她張愛玲則心死身在。雖然還活在人間，不過徒具一幅軀體，如同行屍走肉，苟延殘喘而已。被胡蘭成始亂終棄後，張愛玲黯然神傷，說：「你是到底不肯。我想過，我倘使不得不離開你，亦不致尋短見，亦不能再愛別人，我將只是萎謝了。」被胡蘭成揉搓後的張愛玲，成了一朵「萎謝」的殘花！難怪後來的張愛玲會那麼自閉，拒絕與人交往，因為她的心已經死了。

　　寫《封鎖》時，張愛玲的態度還算溫和，她不過是在諷刺一個心比天高、命如紙薄的小家碧玉罷了，言語雖不無刻薄之處，但整篇小說寫的不過是一個小小的插曲，猶如某人打了個盹，夢見黃粱，醒來

後雖悵然若失，但很快就恢復正常。寫《色·戒》時，張愛玲的態度變得決絕甚至「殘忍」，王佳芝也打了個盹，但醒來後等待她的是比噩夢更可怕的死亡！張愛玲通過王佳芝這個形象表達了她對愛情的新的認識：千萬不要對男人對愛報有幻想，否則不是身亡（如王佳芝）就是心死（如她自己）。只有被男人傷透了心的人，只有在愛情上有過大創痛的人，才會產生如此決絕的念頭！

　　《封鎖》和《色·戒》的不同之處不僅在於作者對作品中女主人公的態度不同：前者是居高臨下的描摹，後者是感同身受的刻畫，也在於作者於兩篇小說中所流露出的對愛情的看法不一：前者的諷刺適可而止，後者的否定不留於地。

　　我認為，張愛玲在吞食愛情苦果之後，痛定思痛，寫下《色·戒》，告誡女性，不要幻想愛情，誰幻想誰就遍體鱗傷！這倒讓我想起北島的一首詩：

　　　　這不是告別
　　　　因為我們並沒有相見
　　　　儘管影子和影子
　　　　曾在路上疊在一起
　　　　像一個孤零零的逃犯
　　　　明天，不
　　　　明天不在夜的那邊
　　　　誰期待，誰就是罪人
　　　　而夜裏發生的故事
　　　　就讓它在夜裏結束吧

　　北島所說的「明天」就是張愛玲筆下的「愛情」，是的，「誰期待，誰就是罪人」，誰期待，誰就墮入深淵。

　　張愛玲曾經那麼癡迷地期待過，結果除了身心被踐躪卻一無所獲。所以，她寫《色·戒》是為了傾訴心中的痛，也是為了宣洩心中的憤。

　　和女人的浪漫與多情相比，男人顯得務實而冷酷。當王佳芝覺察（當然是錯覺）到「這個人是真愛我的」時候，她不顧對方是自己追殺的「獵物」，儘管為追殺這個「獵物」她付出了包括少女的貞操等諸多昂貴的代價，儘管她自身處在生死懸崖邊上，她依舊毅然放走了這個男人。易先生當然也知道對方愛上自己了，不然怎會在生死關頭放自己一馬？然而待他脫逃後，他絲毫沒有憐香惜玉的念頭，而是「一脫險馬上一個電話打去，把那一帶都封鎖起來，一網打盡，不到晚上十點鐘統統槍斃了。」易先生為何如此迅速地處決了王佳芝及其同夥？生性冷酷倒在其次，真正的原因，張愛玲在作品中也作了透露：「當然他也是不得已。日本憲兵隊還在其次，周佛海自己也搞特工，視內政部為駢枝機關，正對他十分注目。一旦發現易公館的上賓竟是刺客的眼線，成什麼話，情報工作的首腦，這麼糊塗還行？」

　　原來如此。原來易先生如此快刀斬亂麻殺掉王佳芝等人，是因為怕丟官。由此，我們看出，在張愛玲眼中，男女有別表現在：女人重「物」更重情，王佳芝愛鑽戒，因為鑽戒像月亮代表情郎的心；男人貪色更貪權勢，易先生貪權勢，因為權勢能讓他捕到更多的像王佳芝這樣的「色」。易先生對此有著清醒的認識：「他不在看她，臉上的微笑有點悲哀。本來以為想不到中年以後還有這樣的奇遇。當然也是權勢的魔力。」在小說中，張愛玲還特別引用一句英國俗語：「權勢是

一種春藥。」由此,張愛玲揭示了易先生追逐權勢的原因了。其一:權勢是春藥,能讓人到中年的易先生勃起的時間延長再延長;其二:權勢是易先生獵豔的資本,能讓他在漁色的道路上一帆風順。這樣,當權勢與美色發生了短暫的衝突後,易先生自然會毫不猶豫選擇權勢捨棄王佳芝這個「美色」了。

有人指責張愛玲描寫失真,認為像王佳芝這樣正義青年,從事著暗殺漢奸這樣的愛國行為時,不可能在關鍵時刻,為情所誤,放走了敵人,出賣了戰友。這樣的指責是可笑的,試想,張愛玲這樣的作家能塑造出立場堅定的愛國青年嗎?在我看來,王佳芝在小說裏的準確定位應該是一個「戲子」,你看在學校裏她就熱衷於演戲,儘管演的是「慷慨激昂的愛國歷史劇」,但那也是在演戲,別人看到的是「慷慨激昂」,在她,不過是過戲癮!後來為了誘惑易先生必須犧牲貞操,於是,不能不找一個有性經驗的人「操練」一下,小說中這樣寫道:

> 偏偏是梁閏生!
>
> 當然是他。只有他嫖過。
>
> 既然有犧牲的決心,就不能說不甘心便宜了他。
>
> 今天晚上,浴在舞臺照明的餘暉裏,連梁閏生都不十分討厭了。大家彷彿看出來,一個個都溜了,就剩下梁閏生。於是戲繼續演下去。

你看,還是在演戲。而當她假扮易先生的情婦誘惑對方上鉤,不仍在演戲嗎!戲癮不深的人,演技不佳的人,能擔當王佳芝所扮演的角色嗎?王佳芝色誘易先生,目的當然是想找機會幹掉他,但色誘的

同時她不也在品嚐演戲的快感嗎？對此，南京大學的余斌分析得非常
準確：

> 張愛玲曾針對小說中於女主人公愛國動機「全無一字交待」的
> 指責辯護說，「那是因為我從來不低估讀者的理解力，不作正義
> 感的正面表白」。實則她根本不相信存在什麼抽象、純粹的「愛
> 國心」、「正義感」。王佳芝的愛國衝動是有的，與之相伴的是潛
> 意識中的個人動機：虛榮心，冒險的慾望，演戲的刺激。

　　王佳芝這個人物讓我想起一部電影《紅色戀人》，在觀眾，張國榮
所扮演的那個角色是慷慨激昂，充滿正義的；在張國榮，不過是在演
戲而已。你不能因為戲中的革命形象思想進步、慷慨激昂而指責張國
榮覺悟低沒有入黨。同樣道理，你也不能指責王佳芝立場不穩，臨陣
叛變，因為，某種程度，她也不過是在演戲。她想的是儘量不把戲演
砸，至於漢奸最終是否被幹掉對她並不是唯一目的，也就是說，對王
佳芝，演戲的刺激的過程遠遠比暗殺的最終成功更具吸引力。

　　我認為，王佳芝仍然是在重演著包法利夫人式的悲劇，包法利夫
人漫長的幻想、掙扎、絕望，在王佳芝身上被濃縮為一瞬。夏志清先
生認為，張愛玲作品往往寫出作者的「大悲」：「對於人生熱情的荒謬
與無聊的一種非個人的深刻悲哀。」《色·戒》仍然延續著這一主題。
張愛玲通過這篇小說告訴我們，女人愛幻想，那是致命的；男人愛權
勢，那是醜陋的。

　　王安憶在〈人生戲劇的鑒賞者〉中是這樣看張愛玲的：「說實在，
我很為張愛玲惋惜，她其實是具備很好的條件，可以塑造重大的情感
狀態。她能夠領會深刻的人生哀痛，在文字上，可說是找到了原動力，

有可能去創造文字的宮殿。可是，她的創痛不知在哪一個節骨眼上得到了有效的緩解，很快解脫出來，站在一邊，成了一個人生戲劇的鑒賞者，口氣輕鬆了許多。其實張愛玲是站在虛無的深淵上，稍一轉眸，便可看見那無底的黑洞，可她不敢看，她得回過頭去。她有足夠的情感能力去抵達深刻，可她卻沒有勇敢承受這能力所獲得的結果，這結果太沉重，她是知道這分量的。於是她便自己攫住自己，束縛在一些生活的可愛的細節上，拼命去吸吮它的實在之處，以免自己再滑到虛無的邊緣。」如果這番話用來形容張愛玲的其他作品，或許有一定的道理，但對《色‧戒》不合適。因為《色‧戒》這部電影表明張愛玲敢於站在「虛無的深淵上」，看見並揭示了「那無底的黑洞」，抵達了深刻，勇敢地承受了那太沉重的結果。

李安一再強調，他改編《色‧戒》，絕對忠實於原著，其實，如果李安真的忠實原著，這部電影恐怕就不合現代人的口味了，至少不會像現在這樣大紅大紫。李安長期生活在歐美文化環境中，他知道歐美人想看什麼，也知道現代人對什麼感興趣。

在我看來，李安對原著作了兩大重要而成功的改動：其一是放大、強化、渲染了「性」的重要性。張愛玲的原著也寫到了性，但只是蜻蜓點水，一掠而過，控制在樂而不淫的範圍；電影裏卻把男女主角性愛的場面渲染得那麼濃烈、鋪排得那麼狂野。對於開放的現代人，這些烈火烹油般的場面無疑是一大看點。不過，不管性愛場面拍得多麼花樣翻新，多麼盪氣迴腸，如果電影僅止於此，那就成了準Ａ片，完美的Ａ片不過是Ａ片，哪怕是李安拍的，也難登大雅之堂。於是李安必須做第二大改動，也就是把愛和性融合起來。

　　把性和愛融合起來也許並不難，因為在張愛玲小說中，作者就引用了民初一位學者說的話：「到女人心裏的路通過陰道。」有人根據這句話，認為李安渲染性愛場面是對張愛玲原著的忠實，這是故意曲解。因為，在小說中，張愛玲已明確告訴我們，這句話很下作：「至於什麼女人的心，她就不信名學者說得出那樣下作的話。她也不相信那話。除非是說老了倒貼的風塵女人，或是風流寡婦。像她自己，不是本來討厭梁閏生，只有更討厭他？」由此可見，張愛玲是不贊成這句話的。所以，李安電影的性愛場面，在張愛玲看來，恐怕沒什麼必要，更不能說，李安這樣做是對張愛玲原著的忠實。

　　如果李安直接就把這位民初學者的話插入電影中，那就像嫖客隨便插入妓女一樣是有失品位有礙觀瞻的。電影中的相關臺詞出自王佳芝口中，內容如下：「他鑽進我的身體，也鑽進我的心。」多妙的臺詞！一下就把愛和性縫在了一起，那麼天衣無縫，那麼水乳交融，看上去就像一對緊緊摟抱的男女，管它是堂堂正正的圓房還是偷偷摸摸的苟合，反正是合二為一，融為一體了。前有易先生狂野的性的扭動，後有王佳芝溫柔的愛的眼神。李安以此告訴我們，在狂野的性的暴風刮過之後，溫柔的愛的雪花會隨風飄落。

　　對胡蘭成，張愛玲曾吐露過這樣的心曲：「見了他，她變得很低很低，低到塵埃裏，但她心裏是歡喜的，從塵埃裏開出花來。」電影裏的王佳芝是一次一次被易先生壓得很低很低，「低到塵埃裏」，結果竟也從塵埃裏開出愛的「花」來。

　　郁達夫年輕時陷入尋花問柳的泥淖中難以自拔。一開始，每次完事後，郁達夫總會懊悔、自責；隨著荒唐的行為日益頻繁，再懊悔、

自責，連他自己也覺得虛偽。於是，他乾脆一不做、二不休，為自己不可救藥的荒唐找了一條一勞永逸的理由：「沉索性沉到底罷！不入地獄，哪見佛性，人生原是一個複雜的迷宮。」電影裏的易默成也是以「不入地獄」的豪邁和無畏陷入王佳芝的身體裏，沒想到，陰差陽錯，誤打誤撞，竟然喚醒了王佳芝心裏的「佛性」，結果後者善念一動，讓他死裏逃生了。郁達夫說的沒錯：「人生原是一個複雜的迷宮。」

追求享樂的現代人沉醉在性的放縱中難以自拔，但是，極度的放縱之後是無涯的空虛，於是，他們又需要用愛來填補這份空虛。換句話說，現代人用性來犒勞自己的身體，又需要用愛來撫慰自己的靈魂，而李安的電影使他們驚喜地發現，原來世上竟有此等兩全其美之事──可以一箭雙鵰將「性」和「愛」雙雙攬入懷中，原來人生竟是這樣一場盛宴，在你狼吞虎嚥了「性」的正餐後，「愛」的甜品會適時奉上，並且二者還有著因果聯繫，也就是說，沒有「性」的正餐，也就失去了「愛」的甜品。

看了李安的電影，現代人如釋重負，原來身體的放縱並不會帶來精神的空虛，原來狂暴的「性」的嘶吼之後竟是溫馨的「愛」的呢喃。那麼，你就放心大膽地在「性」的隧道裏一日千里吧，反正「愛」的高潮會如期到來。

在張愛玲小說中，鑽戒如同致幻劑，使王佳芝產生了致命的幻覺：「這個人是愛我的。」而李安的電影對現代人來說則是一粒安眠藥：讓「性」的暴風雨來得更猛烈些吧！因為「愛」的海燕會在閃電中高傲地飛翔！

　　這粒安眠藥會給我們帶來一個長長的香甜的夢，然而當美夢邊醒，明天降臨時，我們怎麼辦？如果你這樣問，我只好用北島的詩來回答你了：

　　　　明天，不
　　　　明天不在夜的那邊
　　　　誰期待，誰就是罪人

呂熒：我思故我在

「我思故我在」，在很多人眼中，這是一句老掉牙的話了。然而，在現實生活中，又有多少人願意去「思」呢？尤其是獨立思考的權力被剝奪後，又有多少人敢於冒生命的危險去捍衛自己「思」的權利呢？

在我看來，著名美學家呂熒就是一個習慣獨立思考，勇於獨立思考的人，他的魅力來自於他的「思」，而他的人生悲劇也源自於他的「思」。

早在大學期間，呂熒就不盲從權威，不迷信書本，無論對何人何事，他都習慣運用自己的頭腦，放出自己的眼光，加以審視，最終得出自己的結論。

一次和同學談歷史，呂熒對康熙下了這樣的斷語：

「康熙是一位了不起的君主，在位 61 年，三次親征，四處征戰，收回沙俄侵佔的領土，清除結黨營私的鰲拜集團，平定三藩，統一臺灣，有條不紊地推行經濟改革政策，廢止『圈田令』，承認農民原有的土地並讓開墾的荒地歸農民所有，大力賑濟饑民，實行『盛世滋丁，永不加賦』的開明政策，自覺奉行『滿招損，謙受益』的古訓。每次取得重大勝利，他都拒絕群臣為自己加尊號。他順應歷史潮流，發揮個人才能，符合人民意願，完成時代使命，非一般封建統治者可與之同日而語！」

「朱元璋是我的老鄉，我佩服他治國有方，敢作敢為，大刀闊斧地改革官僚機構的開拓精神，但他為人太狠毒，取得政權後翻臉不認

人，大肆鎮壓農民革命，一生征戰之功葬送於專制獨裁的封建統治，實在是罪孽、罪孽……」

同學聽了這番話，問：「歷史書上是這麼寫的嗎？」

呂熒答：「不是。這是我讀史書後的思考與總結。同是君主可以有天壤之別，同一個君主也會有昏庸、腐朽與偉大、開明的兩重性，而那些被看作亂臣賊子的謀反者大多是起義的仁人志士，歷史的有功之臣，這是人類歷史的辨證法。」

同學：「你敢在考試卷上這樣寫嗎？」

呂熒回答：「當然，儘管老師可以給我判個不及格，也可以批個『異端邪說』，但是，我不會違心地對待歷史，何況歷史之是非從來就是不以某個權威的意志為轉移的。」

呂熒的話擲地有聲，但那時的他恐怕還沒料到，獨立思考是要付出代價的，有時甚至要付出生命這樣昂貴的代價。

二十世紀五十年代初，呂熒在山東大學任教，主講「文藝學」，當時的呂熒非常佩服兩位文藝批評家：胡風、馮雪峰，他曾在上課時對學生說：「我個人認為，當前最有成就的文藝批評家是胡風和馮雪峰，這兩個人的文藝批評比較深刻，也是比較有見解的。當然他們的議論也不是完全正確，關鍵是我們讀書要注意獨立思考。」

從這番話可看出，呂熒對獨立思考十分看重。事實上，我們知道，如果沒有獨立思考，就不可能有深刻的見解。

正因為能獨立思考，呂熒在任何時候對任何事都能做到不為他人所左右，總能發出自己獨特的聲音。在山東大學任教期間，很多學生「重政治，輕業務」，作為教師的呂熒對這些學生委婉地提出批評：

「我說句不中聽的話供你們思考：我覺得你們對一些政治活動有著特殊的敏感，在這上面花費了太多的時間和精力，可是對一些重要的學術理論問題則相應地變得遲鈍起來了，當然，不是所有同學都是這樣。大學生當然要學政治，但我要告訴你們，大學畢竟不同於政治訓練班，它有更多的專業學科，它需要培養多種專門人才，這些道理你們不會不明白的，可往往行動起來就不是那麼回事了。前一陣子有報上批判清代那個武訓，有的同學也跟著起哄，我告訴你們，你們不要趕時髦，武訓有什麼錯？他給窮人辦學有什麼錯？我有個老鄉就學習武訓辦義學嘛！我這個老鄉就是馮玉祥！」

思考讓呂熒變得冷靜、清醒，使他說出這番雖與時代不合拍卻極有見地的話。而拒絕思考，放棄思考只能讓人變得盲從、輕信、愚蒙。一個人如此，一個民族也如此。

在正常情況下，獨立思考並不是多麼難的事，而在重壓下，堅持獨立思考，就必須具備一種罕見的人格力量了。身體柔弱的呂熒就具備這種強悍的人格力量。

1955 年 5 月 25 日，在文聯召開的有 700 人參加的批判胡風的大會上，雖然當時的胡風已被官方定性為反革命，但呂熒卻站起來為胡風辯護，他說：「胡風人很直爽，但性格有些缺點，文章晦澀難懂，讀者感到吃力。但他不是反革命，他所寫的不過是文藝問題上的討論。」

文弱的呂熒，其嗓音也許不高亢，不洪亮，但在很多人聽來，呂熒冒生命危險為「反革命分子」胡風的辯護聲一定如同炸雷，若干年後，透過歷史的重重帷幕，我們仍能聽到這隱隱的雷聲。

　　不過，直到今天，也有不少人對呂熒的行為表示不解，認為是其書呆子氣發作。是啊，在一個眾人皆「醉」的情況下，唯一的清醒者往往被目為不正常的「瘋子」。呂熒因這次行為被關押審查了近一年，一個健康的人被關成了真正的瘋子。在愚昧的年代，思考是致命的，清醒是瘋狂的。

　　在那個整齊劃一的時代，堅持獨立思考，難；敢於表達自己的獨立思考，更難。

　　不過呂熒並未因苦難的到來放棄思考。思考者的智慧來自思考，思考者的力量也來自思考。文革爆發後，呂熒被關進農場，他人生的最後階段是在北京清河農場度過的。那時候的呂熒已經是重病纏身，且屢遭摧殘，過著非人般的生活，但思考的火焰在他心中並未熄滅，對美仍那麼迷戀，對未來仍充滿希望。

　　呂熒當時的任務是餵豬，豬圈外有一片稻田和苗圃，田埂上開著潔白的茨姑花。呂熒常走到那裏，圍著花轉圈子。他拄著棍子，野地的風吹拂著他那藍縷的衣衫。他一面走著，一面喃喃地讚美那花兒：「真美啊，真美！」一次，他看四下無人，就對旁邊的一位獄友說：「生活是美好的，一定要活著出去！要有堅定的信念，人民必勝！」

　　這樣一幅畫面應該永遠地定格在我們記憶深處，它說明了，美是不可戰勝的；思考是不可鉗制的。是啊，人是脆弱的蘆葦，然而，思考，又使這蘆葦變得堅韌無比。

　　為什麼在那樣灰暗的日子裏，呂熒沒有絕望，因為他熱愛美，相信正義，忠實於自己的思考。雖然，呂熒沒有活著走出大牆，但思考產生的力量卻使他一直未屈服於殘酷的命運。他是以戰士的姿態倒下的，並未像懦夫那樣選擇可恥的投降。

　　詩人顧城說，黑夜給了我黑色的眼睛，我卻用它尋找光明。而我想說的是：思考給了我們睿智的目光，我們要用它追尋真理。

楊絳對讀者的貢獻是「零」

1952 年，中央人民政府政務院文化教育委員會決定成立文學研究所，錢鍾書、楊絳夫婦被分配至文研所外國文學組工作。外國文學組的領導對楊絳似乎很不重視，其冷漠與輕慢幾乎到了對她視而不見的程度。借用楊絳的話來說，就是「人家眼裏沒有你，當然視而不見；心上不理會你，就會瞠目無睹。」

錢鍾書在北大因他人誣陷被打成反動教授，楊絳也就成了「反動教授之妻」，結果是「外文組內又分若干小組，沒有一個小組肯接納我」。「1953 年 9 月召開的第二次全國文藝工作者代表大會，文學研究所的研究員全都是大會代表，只是錢鍾書和楊絳不是。」

當時，文學研究所與人民出版社合作出版三套叢書：一套文藝理論，一套中國古典文學作品，一套外國古典文學名著。文研所負責選題、供稿，人文社編輯出版。所內研究員都是編輯委員會，唯獨楊絳不是。參加文娛活動和社會活動也沒楊絳的份。不重視倒也罷了，外文組的組長還到處說：「楊季康根本沒有研究能力」。彷彿看不起楊絳不是出於偏心而是其人水平太有限，無法勝任外文組的工作。

儘管在別人眼中，自己被視為零，但楊絳沒有怨天尤人，也沒有自暴自棄，而是安之若素，且「自得其樂」：「因為她可以悠閒地觀察世事人情和她自己的內心，這樣就能更深入、更真切地體味人的本性。」（吳學昭語）被目為零的另一好處是：身處卑微，不必顯身露面，最有機緣見識事態人情的真相。

　　既然把楊絳當做無用的零，外文組當然不會分配任務給她，但楊絳自己卻沒閒著：「不分研究課題給我，我就自己找題目。1954 年是菲爾丁逝世二百周年，我就研究菲爾丁。菲爾丁是十八世紀英國和歐洲最傑出的作家之一，而據馬克思的女兒愛琳娜回憶。菲爾丁是馬克思最喜愛的作家之一。這正符合所內一條不成文的規定：不是馬克思提到過的作家，不研究。我把菲爾丁的全部作品讀完，凡能找到的傳記、批評等也一一研究，引經據典地寫了一篇五萬字的研究論文，題目〈菲爾丁關於小說的理論和實踐〉。1957 年適逢菲爾丁誕生兩百五十周年，在《文學評論》第二期發表了。」

　　楊絳這篇評論深獲好評，因為它沒有論文的「八股腔」，而是：「視野開闊，思想深邃，觀點新穎，材料翔實，文字如行雲流水，分析入情入理」。北大教授李賦寧對此文讚不絕口，要學生學習楊絳的寫法。

　　除此之外，楊絳還翻譯完了名著《吉爾・布拉斯》，並為該書寫了長篇後記。這段遭冷落的期間，楊絳讀書寫作，樂得逍遙。改革開放後，楊絳發表的文章得以結集出版，書名《春泥集》取自龔自珍的詩：「落紅不是無情物，化作春泥更護花」。值得一提的是，當時，這本書是外文組出的唯一一本書。因為其他人寫的應時文章已不合時代要求。

　　被視為零的人，卻成了唯一出成果的人，這正驗了那句古話：塞翁失馬，焉知非福。難怪回憶這段往事，楊絳會這樣說：

　　「從文學研究所 1953 年成立，到 1977 年改革開放後改屬中國社會科學院，二十五年間，我是一個零。我開始有點困惑，後來覺得很自在，所以改革開放以後，還自覺自願地把自己收斂為一個零。」

　　對楊絳來說，「零」是一個獨立的空間，躲在裏面，她正好可以保其天真，成其自然，潛心一志完成自己能做的事。

　　很多知識份子下鄉後過不慣鄉村生活，叫苦連天，而楊絳下鄉後很快就能和農民打成一片。楊絳說：「我並未刻意和老鄉打成一片，只是老鄉喜歡接近我。例如有過初下鄉見過的老媽媽，一手伸進我的袖管捉住我的手，一手撫摩我的臉說，『噢唷，才十來天，已經沒原先光了。』」

　　楊絳能和鄉親們打成一片，其祕訣就是把自己當零，沒有知識人的架子，不擺城裏人的譜，和農民們同吃同住同勞動。「楊絳和女伴兒還有外單位的兩位女同志就同睡這個大炕。早起捲上鋪蓋，沿牆擺放。娃娃們全上炕遊戲，有的娃娃會騎鋪蓋捲兒玩，還撒尿，楊絳女伴的鋪蓋捲兒就不知被哪家娃娃撒了一大泡尿。」

　　農民們有困難，楊絳總是站出來，罄其所有幫助對方。一位農民的妻子，患重病住院治療，楊絳資助了 100 元，後得知錢仍不夠用，她又把僅剩的 50 元拿出來，讓該農民給妻子買最好的藥最好的營養。這位農民深受感動，從此逢人便說，是楊絳教會了她做人。

　　因為把自己當作零，下鄉後的楊絳，就像一滴水融入大海那樣，完全融入農民的生活中。農民自然親近她喜歡她。

　　「萬人如海一身藏」，這是楊絳所欣賞的一句詩。做到這一點，最好把自己當做零。因為「身處卑微，人家就視而不見，見而無睹」了。

零，也是楊絳的隱身衣。

　　改革開放後，楊絳的創作迎來「井噴」，連續出版了《堂吉訶德》（翻譯），《洗澡》（小說），《幹校六記》（散文集）等，可謂碩果累累。而她仍一再聲稱自己還是零。這不是矯情，亦非客套，當然也不是妄自菲薄。自認為零，其實是一種心態。

　　對楊絳來說，作品發表了也就成了過去，她念茲在茲的是尚在醞釀中的下一部。

　　總以為自己是零，就總有從零起步的衝動和重新開始的渴求，於是，手中的筆就不停地書寫下去。這樣，那些優美的飽含深情而又意蘊深邃的文字便從楊絳的筆下汩汩流出。年過八旬的她竟然又為讀者奉獻出《我們仨》《走到人生邊上》等文學精品。讀者在大快朵頤的同時，不能不對這位勤勉而又低調的老人肅然起敬。

　　在楊絳眼中，零還是一道起跑線。而她隨時整裝待發。

　　劍橋大學數學大師 G.H.Hardy 有一次到印度去領一個大獎，發表演說。他上臺第一句話說：「印度對人類的貢獻是零。」全場鴉雀無聲楞了三秒鐘，然後哄堂大笑。「零」這個數目字據說是印度人發明的。沒有「零」就沒有負數，沒有虛數，所有數字的意義都不同了。這個發明實在太大了。數學大師語意雙關，幽默得教人絕倒。

　　其實，楊絳在為讀者奉獻了大量的字字珠璣的文學佳作外，不也為我們貢獻了一個「零」嗎？

吳學昭「解構」謝泳

　　編入《關於知識份子問題的會議參考資料》（第二輯）的〈北京大學典型調查材料〉，在當時是具有一定密級的內部資料，解放後流落到北京潘家園的舊貨攤上。著名學者謝泳看到了這份材料，他據此寫了幾篇關於錢鍾書的文章，分別是〈錢鍾書的內心世界〉（刊 2003 年 5 月 8 日《南方日報》），〈中國自由知識份子的內心世界——四個著名知識份子五十年代的言論〉（刊《隨筆》2005 年第一期）

　　〈調查材料〉中涉及錢鍾書的內容如下：

> 反動的：一般是政治歷史複雜並一貫散佈反動言論。如文學研究所錢鍾書在解放前與美國間諜特務李克關係密切，和清華大學所揭發的特務沈學泉關係也密切，曾見過「蔣匪」並為之翻譯《中國之命運》，還在上海美軍俱樂部演講一次。在解放後一貫地散佈反蘇反共和污蔑毛主席的反動言論；1952 年他在毛選英譯委員會時，有人建議他把毛選拿回家去翻譯，他污蔑毛選文字不通；中蘇友好同盟條約簽訂時，他說：『共產黨和蘇聯一夥，國民黨和美國一夥，一個樣子沒有區別』。他還說：「糧食統購統銷政策在鄉下餓死好多人，比日本人在時還不如」；當揭發胡風反革命集團第二批材料時，他說；「胡風問題是宗派主義問題，他與周揚有矛盾，最後把胡風搞下去了。」等等反動言

論。（高等教育部〈北京大學典型調查材料〉，《關於知識份子問題的會議參考資料》（第二輯）52 頁）。

謝泳先生在文章裏說：

> 比如常常聽到的對於錢鍾書的那些評價，就並不能反映錢先生真實的內心世界，那些評價以為錢先生是一個世故的老人，是一個軟弱的知識份子，其實這些只是一些依據常見史料得出的結論，並不能解釋錢先生真實的人生。
>
> 現在大量關於錢先生 50 年代的材料，他的朋友們還沒有披露出來，我們只看見沉默的錢先生，而沒有看見直言的錢先生。

謝泳先生的意思是：從這份材料可看出，錢鍾書也有不為人知的「直言」的一面。有人根據謝泳先生的文章，寫出的文章，題目就是〈錢鍾書的直言的一面〉（刊 2005 年 3 月 25 日《文匯讀書週報》）

謝泳先生在文章裏還寫道：

> 我個人對於中國自由主義知識份子有一個基本判斷，就是因為早年的教育，1949 年以後的思想改造，在多大程度上起了作用，還是一個問題，不能說那樣的改造沒有作用，但也不能誇大這種作用，我這裏提供一點錢鍾書的材料。

謝泳先生的意思是，既然材料裏的錢鍾書依舊放言無忌，口無遮攔，說明，1949 年的思想改造還不足以讓這些自由知識份子徹底脫胎換骨。

但也有人據此得出這樣的結論：

倒是謝泳先生提供的一份材料為我們揭開了這個謎。謝泳在〈中國自由知識份子的內心世界——四個著名知識份子五十年代的言論〉一文中披露：1956 年 1 月 14 日至 20 日，中共中央召開了全國知識份子問題會議，周恩來在會上作了著名的〈關於知識份子問題的報告〉，在這份報告中，曾提到當時北京大學還有一部分反動教授，特別提到了錢鍾書。報告說：內容同上（略）……現在，我們可以明白：林非所謂錢鍾書「曾用粗俗的市井語言嘲罵毛澤東」、楊絳所謂「文化大革命初期，有幾個人聯名貼出大字報，聲討默存輕蔑領導的著作，就是因為他曾說：這樣（指《毛選》）骯髒的東西拿回家去，把空氣都搞髒了、污蔑毛選文字不通」。這在那個時代，是足以叫人死上十次百次的「罪名」！明乎此，我們也就明白錢鍾書為什麼在解放後一直保持沈默的原因了，就因為他頭上懸著這樣一把隨時可能落下的「達摩克利斯劍」！他只有時刻小心謹慎才可能避免在「駱駝身上壓上最後一棵稻草」！在那個時代，這可以說是錢先生要生存下去的唯一選擇——對此，我們能對錢先生輕薄什麼呢？（〈鍾書「默存」〉刊《書屋》2004 年第 8 期）

　　這段話表明，錢鍾書原本還是老脾氣，恃才傲物，口無遮攔，在被人誣陷後，害怕陷入滅頂之災，這才變得沈默起來，並最終因「默」而「存」。

　　近讀吳學昭著《聽楊絳談往事》，作者對這份重要材料，做了全面「解構」，認為此材料不足為憑，沒有價值。為保證吳文的原汁原味，現將有關段落照錄如下：

然而事實又如何呢？

李克和沈學潛（〈材料〉居然連名字都搞錯了），錢鍾書在解放前並不認識。據筆者向有關方面調查瞭解，李克（Allyn Rickett）原在美國賓夕法尼亞大學研究《管子》，1948 年 10 月與妻子李又安（Adele Austin Rickett）申請得到富布賴特獎學金來北平清華大學研習中文。李又安自 1948 年 11 月起兼任清華外文系講師，1950 年 7 月聘約欺滿，兩人即離開清華轉入燕京大學研習。李克與錢鍾書素不相識。錢於解放後在清華任教時，李克曾由鍾書的清華同事周一良的介紹，來請教關於《管子》的問題，如此而已。

至於「清華大學所揭發的特務沈學泉」，純屬無中生有。經遍查當時有關檔案，清華大學師生中並無沈學泉其人，自然也不曾揭發一個並不實際存在的人為特務。清華只有一名 1948 年入學的外文系男生叫沈學潛，上過錢鍾書所授的《英文讀本及作文》，課下並無個人接觸，更談不上「關係也密切」。

沈學潛於 1950 年 8 月 30 日以「屢犯偷竊」為北京西郊公安局逮捕，不是什麼特務，於政治無關。

……。

「在上海美軍俱樂部演講一次」：錢鍾書 1945 年 12 月 6 日在上海美軍俱樂部用英文演講〈談中國詩〉，本人從未諱言其事。倒是舉報者似不知參加對日作戰的美軍此時稱謂盟軍，1944

年還經中共同意向延安派過觀察組。為盟軍介紹本國文化，何罪之有？

錢鍾書對毛選的「污蔑」，據說是出自北大西語系一名助教的舉報，但當調查者詢問時，這位助教感到莫名其妙，他根本不知此事，何從舉報？

錢鍾書有沒有說過污蔑毛選的話，吳學昭的說法與楊絳在《我們仨》裏的說法不太一致。

吳學昭說：「錢鍾書對毛選的『污蔑』，據說是出自北大西語系一名助教的舉報，但當調查者詢問時，這位助教感到莫名其妙，他根本不知此事，何從舉報？」

而楊絳在《我們仨》裏告訴我們，確有所謂的舉報者，而且他們夫婦還「考證」出舉報者是誰：

> 饒是如此，也沒逃過背後紮來的一刀子。若不是「文化大革命」中，檔案中的材料上了大字報，他還不知道自己何罪。……我們愛玩福爾摩斯。倆人一起偵探，探出並證實誣陷的是某某人。錢鍾書與世無爭，還不免遭人忌恨，我很憂慮。鍾書安慰我說：「不要愁，他未必能隨心。」鍾書的話沒錯。這句話，為我增添了幾分智慧。

由此可知，關於此事，還是一個懸案。也許錢鍾書私下確說了這番「污蔑」的話，沒想到隔牆有耳，被人彙報上去了；也許是楊絳夫婦所猜測的那個「忌恨」者對錢鍾書的陷害。兩種可能都存在。

　　另外，如情況確如吳學昭所說，那位被懷疑的「助教」根本不知此事，當然也就不可能舉報。那就說明，真正的舉報者另有其人，要想知道他是誰，只能進一步去「偵探」了。

　　如此說來，這份黑材料是如何出籠的？吳學昭和楊絳都說不清。既然說不清，你又如何說服別人，這一切都是假的。

　　按吳學昭的觀點，由於這份材料裏的內容要麼是無端捏造，要麼是空穴來風，所以這份材料沒有研究價值，對此進行研究不獨無益，反而有害，只會「混淆是非、以訛傳訛」：

> 不可理喻的是上述「參考資料」以及其他一些內部材料前幾年不知怎的流入社會，散落到了舊書店和廢品回收站。有人淘得一份《關於知識份子問題的會議參考資料（第二輯）》，如獲至寶，津津樂道，一而再，再而三地在全國各報刊撰文宣揚，引用發表。尤其是關於錢鍾書的所謂「反動言論」，明明是些無中生有、強加於人的誣告，竟被作者當做實事廣間傳播，反覆介紹，並把這些曾使錢先生深受陷害的誣告，說成是「錢鍾書的內心世界」、「錢鍾書的直言的一面」，甚至「是關於錢先生人格和思想的一個重要材料」！

　　吳學昭的這種說法我以為不妥。我認為，對於這份材料，既無必要視如至寶，以為有了它，就能瞭解錢鍾書真實的內心世界；但也不能說因為其內容是假的，就毫無研究價值。其實，對揭示那個混亂的時代，剖析告密者的心理，見證知識份子特殊時期彼此之間的隔閡和恩怨，這份材料還是有很大的參考價值的。

對根據這一材料寫出研究文章的謝泳，吳學昭在書中表露了不滿：

> 為避免混淆是非、以訛傳訛，也為了保護錢鍾書先生的人身權利，我們曾託友人委婉代達作者，希望對有關錢鍾書黑材料的寫作能實事求是，符合客觀實際；作者沒有回應。

謝泳先生的文章經常拜讀，就連他的博客也不時瀏覽，在其題為〈和胡風有關的北師大兩個助教〉中，有這樣一段文字：

> 1949年後的中國現代文學研究中，有一個重要的史料來源，就是政治運動中的揭發材料或者本人的檢討，還有相關機構的祕密報告，這些東西共同構成了中國現代文學史料來源中一個特殊的方面。我個人對這種史料的評價，基本按陳寅恪為馮友蘭《中國哲學史》上冊審查報告中的觀點理解：假材料也是真材料，在歷史研究中，假材料的地位也很重要。當時間過去之後，假材料作為定罪的可能和意義雖然失去（這個判斷不包含任何評價），但作為史料來源和判斷歷史人物的史料基礎，假材料的史料地位不容懷疑，所以這些年來，我特別留意中國政治運動中的相關史料，並不斷提醒研究者注意它的特殊價值。

吳學昭說，作者沒有回應。其實，對於吳學昭的「解構」亦或「委婉代達」，謝泳以上這段話不是做了很好的回應嗎？

以上所說的《北京大學典型調查材料》是謝泳先生「在全國各地舊書和廢品收購站」收集到的材料。謝泳先生非常看重這個材料，在〈錢鍾書與清華「間諜」案〉一文中，謝泳先生寫道：「這個材料在以

往關於錢先生的研究中沒有見到過。……，是關於錢先生人格和思想的一個重要材料。」

倘若這份材料裏涉及錢鍾書的部分完全如吳學昭所說的那樣是虛假的，那謝泳先生以上的判斷似乎很難令人信服了。看來，當我們發現了一個罕見的材料後，首先要做的是鑒別其真偽，一旦其真實性打了折扣，其重要性也就隨之縮水。

註 釋

文中引文均出自吳學昭著：《聽楊絳談往事》〈生活‧讀書‧新知〉，三聯書店出版社，2008 年出版

「筆桿子」的風流
──不同角度品察文化名人

　　最近關於民國文人的書不少。這些書雖以勾勒、描繪民國文化人為中心，但卻各有側重，各有千秋。我的案頭就放有這樣幾本：蔡登山著《民國的身影》，趙朕、王一心著《文化人的人情脈絡》，劉超著《筆桿子：晚近文人的另類觀察》。

　　細讀三本書，不難發現，三位作者的寫作目的和文化趣味多有不同，如此，三本書中雖涉及到相同的人和事，但帶給讀者的教益和感受卻不盡相同。

還原歷史：細緻準確。

　　蔡登山早在二十世紀六十年代於臺灣淡江大學讀書時就對現代文學產生濃厚的興趣。幾十年的辛勤搜求，他掌握了大量的鮮為人知的珍貴史料。在此基礎上，蔡登山寫出一篇篇史料翔實、趣味橫生的文章，其目的是：重建歷史場景，逼近人物內心。正如他所說的那樣：「在田野的調查與文獻的追求之中，試圖去逼近傳主的內心深處，是我這二三十年來一直努力的目標。」

　　當然，還原歷史，重建場景，就必須「上窮碧落下黃泉，動手動腳找材料」（傅斯年語）。長期以來，蔡登山一面埋首故紙，翻閱卷帙

浩繁的日記、書信、回憶錄等，打撈出一個又一個湮沒的歷史細節；另一方面，踏破鐵鞋，遍訪相關當事人，復活了一幕又一幕塵封的歷史場景。

在《民國的身影》中〈五十年來千斛淚——顧頡剛的感情世界〉一節，蔡登山通過細讀剛剛出版的《顧頡剛日記》，揭示了顧頡剛對譚慕愚女士的不為人知的綿延了半個世紀之久的婚外戀情，從而給讀者提供了一個「意外的發現」：「大家過去都認為顧頡剛是一位謹厚寧靜的恂恂君子，但從日記觀之，在謹厚寧靜的背後，卻有著激盪以至浪漫的情感。」

另外，此文也為我們解開一個迷。顧頡剛 1931 年答應去北大授課，其目的竟是為譚慕愚獲得一紙證明，證明她係北大預科畢業生。

透過徐志摩的書信，蔡登山看到了昔日青島大學某些教授的行狀，撰成〈「莎樂美」的魅力——俞珊迷倒青島大學的一群教授〉。此文刻畫了趙太侔、梁實秋等有婦之夫為戲子俞珊爭風吃醋的醜態，文筆辛辣，史料翔實。

魯迅曾因阮玲玉臨死留下「人言可畏」的遺言，寫出廣為人知的〈論「人言可畏」〉，鞭撻了流言蜚語對一個弱女子的摧殘。而蔡登山卻在一份出版於上世紀三十年代僅發行一千五百份的小報上，找到阮玲玉的真遺書。這才揭開了一個被隱瞞了半個多世紀的真相。原來，阮玲玉不是死於「人言可畏」，而是不堪花花公子唐季珊的凌辱才告別人世。當年曾引起國人激憤的所謂「遺書」竟是唐季珊為逃避責任找人偽造的。

有些真相藏在紙裏，需要慢慢去翻；有些真相則躲在心間，需要苦苦去問。

　　袁昌英與徐志摩的一段情，就是蔡登山「問」出來。蔡登山曾在北京採訪了袁昌英女兒楊靜遠，後者對他說了這樣一件事：「我母親同徐志摩的友情，確乎超越一般文友間的泛泛之交。她的朋友很多，但幾十年間，她絕口不提徐的名字。在戰前珞珈山她的書架上，我見到並讀過《渦提孩》一書，卻不知那是徐的譯作。在抗戰期間的樂山，有一次她為了開導我，以身作則地說起在英國時，曾因演戲而與某人發生過一段感情，後來她自己以理智和意志加以制服了。那人是誰，她沒有說，我也沒問，但絕沒有往徐志摩那兒猜想。直到近年，在《徐志摩傳》上看到，泰戈爾 1924 年訪華時，在北京，由徐志摩、林徽因主持並飾演泰氏的劇作《齊德拉》，袁也參與飾演了一個角色。這使我想到，在英國，為演戲而發生戀情的，除徐志摩還能有誰？」

　　另外，楊靜遠還告訴蔡登山，徐志摩去世後，袁昌英以小說的形式寫了篇「悼文」，小說的男女主人公分別是「智」和「娥」。楊靜遠提醒蔡，「『娥』和『智』不就是『我』和『志』的諧音嗎？」

　　在北京，蔡登山還訪問過鄭振鐸的兒子鄭爾康。從鄭爾康口中，蔡登山才知道，鄭振鐸的初戀情人是王世瑛。雖然兩人因家庭門第相差懸殊而含恨分手，但思念之情在兩人心裏一直未曾熄滅。鄭爾康告訴蔡登山一件事，抗戰期間，鄭振鐸和程俊英（王世瑛的同學）曾去看望過王世瑛。面對昔日戀人，王世瑛忙著讓座，先泡一杯香片茶，又端出一盤龍眼，說：「嚐嚐家鄉的香片和龍眼吧，借表多年的鄉（相）思！」一語雙關，勾起鄭振鐸對往事的回憶，他品了品茶，說：「香片、龍眼的味道年年一樣，人卻不同了。」這時，傭人又端出三碗紅豆蓮

子湯,旁邊的程俊英對王世瑛開了句玩笑:「相思豆配蓮(憐)子的點心,點了你的心。」

後來,王世瑛難產去世,鄭振鐸每隔一段時間就買一束鮮花,到王世瑛墓前祭奠。此事鮮為人知,因為鄭振鐸每次都是悄悄地去,他對程俊英說:「此事不必與他人道呀,他們是不理解的。」

因為勤跑多問,蔡登山才能在書中還原這些鮮活、生動、珍貴的歷史場景。

回顧往事:管窺蠡測

《文化人的人情脈絡》一書,涉及人物眾多,作者擷取的只是人生片段,雖屬吉光片羽,卻惜乎點到為止,比如魯迅和周作人之間的糾葛,何其複雜曲折,但全書涉及兩人的文字不足 300,如此蜻蜓點水,只能帶來淺嚐輒止的缺憾;再如徐志摩和林徽因之間的戀情,何等浪漫熱烈,而作者也以寥寥不足 300 的文字予以草草交代。如此偷工減料,當然有損兩人的形象。

綜觀全書,作者求博不求深,通俗有餘,莊重不足。此書雖有對民國文人管窺蠡測之效用,但也存在掛一漏萬之缺陷。如果說《民國的身影》著力於還原歷史場景,揭示人物真相因此為文追求客觀嚴謹;那麼,《文化人的人情脈絡》則試圖梳理人際關係,抒發人物感情,行文難免主觀隨意。

倘想泛泛暸解民國時代文化人之間的人情往來,讀這本書也就夠了,但倘想全面地認識民國時代,深刻地暸解民國文化人的複雜心態,讀這本書遠遠不夠。

　　本書由一個個片段「拼貼」而成，篇幅短小，通俗易懂，但結構上顯鬆散，內容上嫌零碎。雖有一定的趣味性，但從學術上看，顯然不夠嚴謹。比如書中所寫胡適與徐芳的相戀，作者有這樣的推測：

> 1941 年 4 月，徐芳又給在美國的胡適寫信，要求胡適幫助她到美國深造。當時胡適雖然不討厭這個比自己小 21 歲的學生，或許是因為徐芳表現太熱烈了吧，他考慮到自己的地位和社會影響，不敢再觸動這根神經，便毅然決然地斷絕了與徐芳的聯繫，也沒有幫助她到美國留學。陷於絕望的徐芳，遂於 1943 年 9 月，與當時在陸軍大學任職，兼任陸軍參謀學校校長的徐培根（左聯五烈士殷夫的哥哥）結婚。

　　因為沒給出過硬的材料，作者的這番猜測就缺少了可信性。

摹繪文人：形神兼備

　　劉超《筆桿子：晚近文人的另類觀察》是「一部關於舊年文人的書，一幅歷史的滄桑畫卷。」作者對筆下人物十分熟悉，能選取準確、鮮活的細節來刻畫人物，或輕輕點染、閒閒著墨；或濃墨重彩、密不透風。

　　本書的副標題是：晚近文人的另類觀察。所謂「另類」，在我看來，是指抓住「性情」這個獨特的角度來觀察文人，如辜鴻銘，突出其「怪」；黃侃，著眼其「狂」；梁漱溟，緊扣其「硬」；熊十力，渲染其「俠」。由於角度獨特，細節鮮活，這些晚近文人在書中一個個都個性鮮明，形象飽滿，栩栩如生，呼之欲出。

書中〈熊十力〉一節，寫梁漱溟與熊十力辯論時，有這樣的文字：

> 有一次，他和梁漱溟因為學問上的問題發生了分歧，就爭執起
> 來，吵將起來。這個湖北佬伶牙利齒，梁漱溟是北方人，木訥
> 寡言，當然就吵不過。吵得沒話說了，梁漱溟扭頭就走。熊十
> 力還不解氣：「想走？！」說著，一下撲過去，往梁背上就搗了
> 三拳，還大罵：「笨蛋！笨蛋！」罵聲繞樑半日不去。
> 在北大，熊十力偶爾還要去教點課。他的課很特別：一但說至
> 重要關頭，他往往意氣風發，情不自禁，隨手在聽講者的頭上
> 肩上重重拍一巴掌，然後哈哈大笑，聲震堂宇，而對方卻被打
> 得東倒西歪。

鮮活的細節，傳神的文字，使歷史深處的人物如浮雕一樣凸現在
讀者眼前。本書引人入勝即得益於此。

語言清新優美，也是本書一大長處。即使是各節標題，也那麼富
有詩意和韻味，如：「朱自清：寂寞河塘」、「俞平伯：舊時月色」、「趙
樹理：舊時人物舊時風」……。

本書不足之處在於作者的學術意識不強，很多篇章，趣味性沖淡了
思想想。讀完全書，雖然飽覽了「人的花朵」，卻很少品嚐到思之果實。

註 釋

文中引文均出自蔡登山著：《民國的身影：重尋遺落的文人往事》，廣西師範大
學大學出版社，2009 年 1 月出版
趙朕，王一心著：《文化人的人情脈絡》，團結出版社，2009 年 2 月出版
劉超著：《筆桿子：晚近文人的另類觀察》，天津人民出版社，2009 年 1 月
出版。

「甩掉了思想的聲音」
——讀知堂札記

　　因為一個偶然的機緣，今年春天，我有了一個月的空閒時間，於是便把一套《周作人自編文集》找來，細細讀過。讀畢，感慨良多。知堂老人的文章大多寫於七、八十年以前，但在我看來，這些上世紀初的文字卻具有強烈的現實意義。為什麼會這樣？我想原因有兩個，一是作者周作人眼光深邃有見識，所以文字便具備了難能可貴的歷史穿透力；二是我們的社會似乎在某些方面停滯不前，所以其文字便不會因為時代的變遷而失去它的針對性。

　　看來，時光的腳步總是「匆匆太匆匆」，像一個壯健的青年，疾步如飛；而社會的腳步則是「比緩慢更緩慢」，像一個衰朽的老人，步履艱難。

〈狗抓地毯〉：「蠻性的遺留」

　　在文章開始，周作人寫道：

　　美國人摩耳給某學校講倫理學，首五講是說動物與人之「蠻性的遺留」的。經英國的唯理協會拿來單行出版，是一部很有趣味與實益的書。他將歷來宗教家道德家聚訟不決的人間罪惡問

題都歸諸蠻性的遺留，以為只要知道狗抓地毯，便可瞭解一切。[1]

那麼，狗為什麼喜歡抓地毯呢？「據摩耳說，因為狗是狼變成的，在做狼的時候，不但沒有地毯，連磚地都沒得睡，終日奔走覓食，倦了隨地臥倒，但是山林中都是雜草，非先把它搔爬踐踏過不能睡上去；到了現在，有現成的地方可以高臥，用不著再操心了，但是老脾氣還要發露出來，做那無聊的動作。在人間也有許多野蠻（或者還是禽獸）時代的習性留存著，本是已經無用或反而有害的東西了，唯有時仍有發動，於是成為罪惡，以及別的種種荒謬迷信的惡習。」

摩耳的話給了周作人足夠的啟發，他由此想到當時的社會：

> 這話的確是不錯的。我看普通社會上對於事不干己的戀愛事件都抱有一種猛烈的憎恨，也正是蠻性的遺留之一證。……至於憎恨得戀者的動機卻沒有正大堂皇，實在只是一種咬青兒的背脊的變相，實行禁慾的或放縱的生活的人特別要干涉「風化」，便是這個緣由了。

說到「風化」，筆者很自然地想到沈從文的小說〈夫婦〉。一對年輕人，「因為新婚不久，同返黃坡女家去看岳丈，走到這裏，看看天氣太好，於是坐到那新稻草積旁看風景，看山上的花。那時風吹來都有香氣，雀兒叫得人心膩，於是記起一些年青人應該做的事。」[2]

這對年青夫婦在青天白日下做了一回愛，結果被幾個鄉下人偷窺個正著，於是，他們義憤填膺，不由分說將兩個大膽的年青人捆了起

來，打算送到官府懲處。寂靜的鄉村暫態熱鬧起來，有人高聲喊道：「看去看去，捉到一對東西。」聲音裏流露出的喜悅彷彿過節一般。

我們先看女性村民是如何評價這對大膽的年青夫婦的：「婦女們走到這一對身邊來時，各用手指刮臉，表示這是可羞的事，這些人，不消說是不覺得天氣好就適宜於同男子作某種事情為應當了。」再看看一個想乘機揩油的男子村民的嘴臉：「一個滿臉疙瘩再加上一個大酒糟鼻子的漢子，像才喝了酒，把酒葫蘆放下來到這裏看熱鬧的樣子，用大而有毛的手摸了女人的臉一下，在那裏自言自語，主張把男女衣服剝下，一面拿荊條打，打夠了再送到鄉長處去。他還以為這樣處置是頂聰明合理的處置。這人不惜大聲的嚷著，提出這希奇主張，若非另一個人扯了這漢子的褲子，指點他有『城裏人』在此，說不定把話一說完，不必別人同意就會動手做他想做的事。」

在我看來，村民們的義憤填膺，村民們的粗暴行為，正是周作人所說的「蠻性的遺留之一證」。

當然，還有一些村民是出於妒忌，出於一種猥褻的心理，才對這對年青夫婦大為惱火大為憎恨的。這一點，沈從文在小說裏說得很明白：「正因為是真實的夫婦，在青天白日下也不避人的這樣做了一些事情，反而更引起一種只有單身男子才有的憤恨騷動，他們一面想望一個女人無法得到，一面卻眼看到這人的事情，無論如何將不答應的，也是自然的了。」

沈從文筆下的「單身男子」正好驗證了前面周作人所說的那番話：「……至於憎恨得戀者的動機卻沒有正大堂皇，實在只是一種咬青兒的背脊的變相，實行禁慾的或放縱的生活的人特別要干涉『風化』，便是這個緣由了。」

　　我認為，沈從文的〈夫婦〉可以作為周作人〈狗抓地毯〉的注解來讀，當然，反過來也行。總之，在我看來，這兩篇文章是一對左右開弓的「組合拳」，在它的重擊下，人身上的蠻性現出了原形。

　　人類雖說是「宇宙之精華，萬物之靈長」，但人畢竟是兩足無毛之動物，有蠻性也是理所當然的事。關鍵是，作為文明社會中的高等動物，我們要時刻警惕身體裏的蠻性，要讓體內的蠻性停留在僵死、冷凍狀態，不能讓其甦醒、復活。

　　也許有人會說，比起沈從文筆下的鄉村，我們現在的社會要進步多了；比起沈從文筆下的村民，我們當代人要文明多了，所以，沈從文小說中所提及的事已成過眼雲煙，不會再發生了。事情果然如此樂觀嗎？我看未必。當年，翁帆、楊振寧喜結良緣，報紙和網路不是因此很發了一回高燒嗎？本來，人家情投意合，人家喜結良緣，「干卿底事？」我們又何必如此「熱心」如此喋喋不休呢？更有甚者，竟然從翁楊戀扯到所謂的「道德」「風化」問題。

　　這裏可以舉個例子。在一篇題為〈警惕「翁楊戀」的負面效應〉的文章中，作者說得非常露骨、輕率、粗俗：

> 既然是名人，除了在專業領域是專家外，在社會道德、人生設定等方面也應該是道德楷模。名人的社會影響力遠遠大於常人的社會影響力，他們的健康、正常、正面的價值引導可以促使社會向著更健康、穩定、和諧的方向發展，減少社會隱患，反之，用不負責任的做法違背傳統道德，不僅是個人思想品德的不夠高尚和坦蕩，如果這種行為不但不受到批評，反而受到肉麻表揚，得到變相鼓勵，就會形成巨大的道德破壞力。

再說深刻一點，當事女性未來的生活是更長遠的，就是她自願用身體換來名譽和影響，內心很自願，她的未來的漫長的孤獨的來路由誰來陪伴？當時的男性能夠負責到底嗎？這恐怕就不能說是一種以人為本，而更是一種不夠人性、不夠寬厚的殘忍精神折磨。打著人性化光環的老夫少妻的結合的背後有著難以掩飾的人性的陰影，是犧牲了少妻的人性需求為前提的變相交易。

你看，該作者說得多麼危言聳聽，竟然說翁楊二人的自由戀愛行為「會形成巨大的道德破壞力」，且武斷地認為二人的合法婚姻是「交易」：「打著人性化光環的老夫少妻的結合的背後有著難以掩飾的人性的陰影，是犧牲了少妻的人性需求為前提的變相交易。」如此道貌岸然，如此口出穢言，直令人懷疑此人是生活在二十一世紀還是生活在辛亥革命之前。幸虧這位老兄手中沒有權力，否則，還不知道他會怎樣處置翁楊二人，儘管如此，他的這番粗野言辭也給了當事人足夠的傷害。

令人悲哀的是，在中國，多管閒事之徒似乎不在少數，正如周作人說的那樣：「很平常的一件結婚，卻大驚小怪的發出許多正人心挽頹風的話」：

「……。到了現在至少那些青年總當明白了，結婚純是當事人的事情，此外一切閒人都不配插嘴，不但沒有非難的權利，就是頌揚也大可不必。孰知事有大謬不然者，很平常的一件結婚，卻大驚小怪的發出許多正人心挽頹風的話，看了如聽我的祖父三十年前的教訓，真是出於『意表之外』，雖然說『青年原是老頭子的兒子』，但畢竟差了一代，應有多少變化，現在卻是老頭子自己『奪舍』又來的樣子了。」

　　看了周作人的這番話，再聽聽那些對翁楊二人的非議之聲，真予人以今夕何夕之感，讓人不能不像周作人那樣發一句感喟：日光之下，並無新事！

　　我認為讀了〈狗抓地毯〉一文，至少有兩點好處：

　　其一是對我們自己有了更清醒的認識。周作人在《雜感十六篇》中曾寫了這樣一句話：「我恐怕也是明末什麼社裏的一個人，不過有這一點，自己知道有鬼附在身上，自己謹慎了，像癲病患者一樣搖著鈴鐺叫人避開，比起那吃人不魘的老同類來或者是較好一點了吧。」[3]

　　那麼，讀了〈狗抓地毯〉，自己知道有蠻性藏在身上，言談舉止就會小心謹慎，就會十分警惕，不讓身上的蠻性發作；相反，如果渾渾噩噩對身上的蠻性一無所知，或驕傲跋扈拒絕承認身上有蠻性，就會一不小心「引爆」身上的蠻性，甚至在蠻性發作時還以為自己是伸張正義哩。

　　其二是對我們所處的社會有了更清醒的認識。周作人在〈關於妖術〉一文中寫道：「文明是什麼？我不曉得，因為我不曾研究過這件東西。但文明的世界是怎樣，我卻有一種界說，雖然也只是我個人的幻覺。我想這是這樣一個境地，在那裏人生之不必要的犧牲與衝突盡可能地減少下去。我們的野蠻的祖先以及野蠻的堂兄弟之所以為野蠻，即在於他們之多有不必要的犧牲與衝突。」[4]

　　雖然，社會已進入二十一世紀，雖然我們的社會比以往文明多了，但既然「人生之不必要的犧牲與衝突」依舊存在，那就說明，我們的社會還並非如我們想像的那麼文明，或者說我們社會的文明程度還有待提高。

周作人弟子廢名曾說過這樣一句話:「我們與野蠻的距離有時很難說。」讀了周作人的〈狗抓地毯〉,我也有了和廢名類似的感慨。

有人說周作人的文章閒適沖淡,我以為這句話只說對了一半,因為周作人的筆下也有火氣十足、甚至血脈賁張的文字,以上所引的綿裏藏針、柔中帶剛的話就是如此。我以為讀了這樣的文字,我們是不能不警醒不能不深思。

〈論八股文〉:「服從與模仿」

在這篇文章裏,有這樣一段耐人尋味的文字:「幾千年來的專制養成很頑固的服從與模仿根性,結果是弄得自己沒有思想,沒有話說,非等候上頭的吩咐不能有所行動,這是一般的現象,而八股文就是這個現象的代表。」[5]

生活中,我們聽到過很多人慷慨激昂、滔滔不絕,但可笑而又可怕的是,這些慷慨陳詞者所發出的並非是「自己的聲音」,「很頑固的服從與模仿根性」使他們喪失了獨立思考的習慣,結果,他們所發出的不過是「甩掉了思想的聲音」(柏樺語)。

1953 年 9 月 8 日,全國政協召開常委擴大會議,在這次會上,毛澤東和梁漱溟有過一次關於「雅量」的爭執。劉克敵先生《梁漱溟的最後 39 年》對此有詳細的敘述,現簡要復述如下。

梁漱溟在發言的一開始說:昨天會上中央領導人的講話,很出乎我的意外。當局認為我在政協的發言是惡意,特別是主席的口氣很重,很肯定我是惡意。但是,但從這一次發言就判斷我是惡意的,論據尚不充足,因此就追溯過去的事情,證明我一貫反動,因而現在的胸懷

才存在很多惡意。但我卻因此增加了交代歷史的任務，也就是在講清當前的意見初衷之外，還涉及歷史上的是非。我在解放前幾十年與中共之異同，卻不是三言兩語說得清楚的，這需要給我較充裕的時間。

梁漱溟說了不到十分鐘，會場就有人起哄，不讓他講下去。但梁不為所動，繼續發言，且再次和毛澤東發生爭執。

梁漱溟說：「我當不當政協委員，那是以後的事，可以慢慢再談。我現在的意思是想考驗一下領導黨。因為領導黨常常告訴我們要自我批評，我倒要看看自我批評到底是真是假。毛主席如有這個雅量，我將對您更加尊敬。」

毛澤東的回答是：「批評有兩條，一條是自我批評，一條是批評。對於你實行哪一條？是實現自我批評嗎？不是，是批評！」

梁漱溟說：「我的意思是說主席有沒有自我批評的雅量……」

梁漱溟當眾頂撞毛主席，顯然激怒了與會者，台下許多人大聲呼喊，說梁漱溟胡說八道，民主的權利不能給反動分子，剝奪他的發言權，讓他滾下臺，阻止他的胡言亂語等等。

不過，毛澤東還是有風度有雅量的，他制止了會場的騷亂，對台下說：「不給他充分的說話時間。他說是不公平；讓他充分說吧，他就可以講幾個鐘頭，而他的問題又不是幾個鐘頭，也不是幾天，甚至不是幾個月可以搞清楚的。而特別是在場的許多人都不願意聽他再講下去，我也覺得，他的問題可移交給政協全國委員會辯論、處理。我想指出的是，梁漱溟的問題並不是他一個人的問題，而是借他這個人，揭露其反動思想，使大家分清是非。他這個人沒有別的好處和功勞，就有這個作用。因此我主張他繼續當政協委員，現在我提議讓他在講十分鐘，簡單地講一講，好不好？梁先生？」但梁漱溟確實很倔強、

固執，他竟然不肯領主席的情，仍然堅持自己的看法，說：「我有許多事要講，10 分鐘講不清楚。」

梁漱溟如此「不識抬舉」，台下人聽了更為惱火，會場再次出現騷動，而毛澤東也沒有耐心再和梁漱溟爭執下去，他最後說：「你這個人啊，就是只聽自己的，不聽大家的。不讓你講長話，你說我沒有『雅量』，可大家都不讓你講，難道說大家都沒有『雅量』嗎？你又說不給你充分的時間講話是不公平的，可現在大家又都不贊成也不想聽你講話，那麼什麼是公平呢？在此時此地，公平就是不讓你在今天這個會上講話，而讓你在另外一個會上講話。」【6】

毛澤東說的沒錯，正是「大家」不讓梁漱溟說話，正是「大家」不贊成也不想聽梁漱溟講話。問題的關鍵是，「大家」為什麼不讓梁漱溟講話、為什麼要喝令梁漱溟滾下臺來呢？他們義正詞嚴的話是不是發自肺腑的真心話呢？非也！「大家」之所以這樣說，是因為他們覺察到梁漱溟已經失寵，是因為他們已經知道毛澤東對梁漱溟的真實態度，於是便群情激憤群起而攻之。當初，梁漱溟是毛澤東的座上客時，「大家」對梁漱溟畢恭畢敬一片頌揚，而現在，當他們發現「上頭」的態度發生變化，他們也就有了另外的行動。所以，我認為，他們慷慨激昂的聲音根本不是經過深思熟慮後所發出的屬於自己的聲音，而是應聲蟲似的「甩掉了思想的聲音」，這種聲音十分可怕，因為它們聲勢浩大、咄咄逼人，且來自魯迅所說的「無物之陣」，使你無所適從無從分辯。面對這種「甩掉了思想的聲音」，倔強的梁先生也不能敗下陣來，檢討、認錯。

在中國，像梁先生這樣性格剛直、勇於思考者雖不能說多，但也不算少。我認為，彭德懷也是一位剛直勇猛敢想敢說之人，然而，面

對來自四面八方的「甩掉了思想的聲音」，我們身經百戰的彭大將軍除了屈服又能怎樣呢？

　　1959 年廬山會議開始後，彭德懷從 7 月 3 日到 7 月 10 日共作了 7 次發言。以下是其發言的片段。從這些片段可看出，彭總的措辭非常激烈、嚴厲。

> 1959 年整風反右以來，政治上、經濟上一連串的勝利，黨的威信高了，得意忘形，腦子熱了一點。
>
> 毛主席家鄉的那個公社，去年提的增產數，實際沒那麼多，我瞭解實際只增產 16%。我又問了周小舟同志，他說那個社增產只有 14%，國家還給了不少幫助和貸款。主席也去過這個社，我曾問主席，你瞭解怎麼樣？他說沒有談這個事，我看他是談過。
>
> 要找經驗教訓，不要埋怨，不要追究責任。人人有責任，人人有一份，包括毛澤東同志在內。「1070」是毛主席決定的，難道他沒有責任！上海會議他作了批評，說他自己腦子也熱了一下。政治與經濟各有不同的性質，因此思想教育不能代替經濟工作。毛主席與黨在中國人民中的威信之高，是全世界找不到的，但濫用這種威信是不行的。去年亂傳主席的意見，問題不少。
>
> 我們黨內總是「左」的難以糾正，右的比較好糾正；「左」的一來，壓倒一切，許多人不敢講話。[7]

　　彭總的這些言辭尖銳的話，令毛澤東十分不快，毛澤東召開廬山會議的初衷因此發生改變，他正醞釀由「批左」轉向「反右」。8 月 2 日，毛澤東發表講話，動員反對「右傾機會主義的倡狂進攻」，明確表示目前不是反「左」而是反右的問題，並且開始批判子虛烏有的所謂

「以彭德懷同志為首，包括黃克誠、張聞天、周小舟等同志的右傾機會主義反黨集團」。

當「上面」的態度明朗後，其他人幾乎整齊劃一的轉了向。正可謂聽了「上頭的吩咐」，下面就立即「有所行動」了。他們以比毛澤東更為激烈的言辭更為憤怒的態度批判聲討以彭德懷為首的反黨集團。無疑，他們所發出的聲音也是「甩掉了思想的聲音」，它們以其排山倒海之勢，逼得彭總不得不檢討、認錯。雖然彭總有勇氣和毛澤東爭執，但面對來自「無物之陣」的「甩掉了思想的聲音」，他卻無可奈何——因為他根本找不到對手，只能低下高貴的頭顱。

在一個特定的年代，一個學養深厚、見識不凡的人，也會發出「甩掉了思想的聲音」，譬如吳晗。

我們知道，吳晗因一齣《海瑞罷官》而惹火燒身。其實，吳晗本無意寫《海瑞罷官》，是胡喬木要求他寫這出戲的。胡喬木為何讓吳晗寫這齣戲呢？因為毛澤東曾在會上表揚過海瑞，在一次會上，毛澤東說：「儘管海瑞罵了皇帝，但是他對皇帝還是忠心耿耿的。我們應當提倡海瑞這樣一片忠誠而又剛直不阿的、直言敢諫的精神。」[8]

會後，毛澤東還囑咐胡喬木，要他找人寫文章宣傳海瑞精神。

向來注意宣傳毛澤東思想的胡喬木，馬上執行毛澤東指示，把這個任務交給了吳晗。吳晗很快完成了任務，且毛澤東對吳晗的戲也是很欣賞的。問題是後來在廬山會議上，彭德懷對毛澤東提出了尖銳的意見，這時的毛澤東對海瑞的態度發生了變化，他說：「我又提倡海瑞，又不喜歡海瑞。有一半是真的，右派海瑞說的不聽。我是偏聽偏信，只聽一方面的。海瑞歷來是左派，左派海瑞我歡迎。現在站在馬克思主義立場批評缺點，是對的，我支持左派海瑞！」

　　毛澤東對海瑞的態度變了，而吳晗的「白紙黑字」卻變不了，終於惹火燒身。平心而論，吳晗真是比竇娥還冤──本來是響應號召、貫徹指示、完成任務，沒想到卻是事與願違、吃力不討好直至因此喪生。

　　令人悲哀的，不僅僅是社會中絕大多數人喪失了獨立思考的習慣和能力，令人悲哀的還在於偶或有幾個勇於思考敢於發出自己的聲音的人，均難逃被批判被打倒甚至被迫害致死的厄運，彭德懷、顧准、張志新、林昭，莫不如此。

　　有人曾說，文革中，只有一個大腦在思考，其他人不過是盲從、緊跟罷了。這句話雖然有些誇張，但也並非毫無根據。在我看來，文革中震耳欲聾的喧囂之聲，不過是一個民族「甩掉了思想的聲音」，那是一個民族陷入夢魘陷入災難中的標誌。

　　那些勇於思考敢講真話者害怕的並非某個權威，而恰恰是這種瘋狂的喪失理性的「甩掉了思想的聲音」，正如柏樺詩中所說的那樣：

> 那個生活在神經裏的人
> 害怕什麼呢？
> 害怕赤身裸體的純潔？
> 不！害怕聲音
> 那甩掉了思想的聲音[9]

〈中年〉：「文明社會上道德的管束應該很寬，但應該要求誠實。」

在〈中年〉一文中，周作人寫了這樣一段話：「我想文明社會上道德的管束應該很寬，但應該要求誠實，言行不一致是一種大欺詐，大家應該留心不要上當。我想，我們與其偽善還不如真惡，真惡還是要負責任，冒危險。」[10]

我之所以注意到周作人這句話，是因為我發現，某種程度而言，我們目下的社會與周作人所說的正好相反。也就是說，在目下社會，我們對一個人的道德管束很嚴，但對一個人的誠實與否卻往往睜一隻眼閉一隻眼，不予置評。這裏可以舉幾個例子。

復旦大學教授、經濟學院院長陸德明嫖娼被抓後，復旦大學對他進行了如下處理：不再擔任經濟學院院長；不能再從事教學活動，取消其教授資格3年。大概陸德明自己也覺得掛不住，主動提出辭去經濟學院院長一職。但復旦大學並不認可，而是以撤職論處。

有人對此這樣評價：「實際上，復旦大學做得太過了，相當不人道，簡直是一棍子打死。去掉陸德明的院長頭銜、開除黨籍（如果他是黨員的話）、罰款（如果真罰他幾千的話）這些處分都是對的，但禁止他從事教學活動、取消教授資格則相當過分。因為：教授資格更是陸德明學問的證明，是他多年苦讀思索所獲得的學問的證明，怎麼能說取消就取消了？教授資格和嫖娼無關，去掉他教授資格明顯是政治手段。」

我同意這種看法。歷史上像陳獨秀、胡適這樣赫赫有名的人物，也有誤入花叢的不良記錄，但當時的社會對他們相當寬容，沒有因此而取消兩人的教授頭銜。我想說的是，如果當時的社會也像處罰陸德

明一樣處罰陳獨秀、胡適，那我們的思想界、文化界恐怕會遭受巨大的損失吧！

不過，話說回來，復旦大學揮淚斬馬謖，其目的也是從嚴治校，動機是好的。作為外人，雖可以持不同意見，但也應理解復旦校方的良苦用心。讓我困惑的是，我們的社會對犯道德錯誤的嫖娼者處罰起來往從嚴從重而對不誠實的剽竊者卻寬大為懷。

安徽某高校副校長偽造學術成果，被曝光後居然啥事沒有，教授照當官照當。某市作協副主席因剽竊他人作品而被告上法庭。法庭判這位副主席賠償原告八萬元人民幣。而這位副主席現在仍然身居高位，沒聽說組織要撤銷他的副主席職務，也沒聽說有誰要取消他的的作家頭銜剝奪他的寫作資格。

看看周圍發生的這些讓人氣悶又讓人無可奈何的事，再來看看周作人的話：「我想文明社會上道德的管束應該很寬，但應該要求誠實，言行不一致是一種大欺詐，大家應該留心不要上當。」我不禁再次對我們社會的文明程度擔憂起來，也許這是一個神經過敏者的杞人憂天吧。但願如此。

〈兒童故事序〉：「我說兒童讀經之無用，與主張讀貓狗講話之無害，正是同一根據。」

2004 年以來，「文化保守主義」非常活躍，他們大力鼓吹讀經，還不遺餘力提倡兒童讀經。本來，筆者對該不該讀經這一問題是無權置喙的，因為筆者才疏學淺，對經書知之甚少。不過，筆者在閱讀時卻發現了一個有趣的現象——那些幼年時熟讀過經書者，說到經書總

是深惡痛絕，大有寢皮食肉之恨；而那些半路出家的讀經者，卻對經書情有獨鍾，大有相見恨晚之意。這一現象耐人尋味也值得我們思索。

關於該不該讀經的問題，我想周作人是有發言權的。因為周氏幼年時曾熟讀過四書五經，然而周作人對經書的態度一定令「文化保守主義者」大失所望，因為周作人是反對讀經的。

在〈論語小記〉一文中，周作人寫道：「近來拿出《論語》來讀，這或者由於聽見南方讀經之喊聲甚高的緣故，或者不是，都難說。我是讀過四書五經的，至少《大》、《中》、《論》、《孟》、《易》、《書》、《詩》這幾部都曾背誦過，前後總有八年天天與聖經賢傳為伍，現今來清算一下，到底於我有什麼好處呢？這個我恐怕要使得熱誠的儒教徒聽了失望，實在沒有什麼。」[11]

周作人不提倡讀經書，但並不是說他反對讀古書，在〈閉戶讀書論〉一文中，周作人認為讀經不如讀史。

> 但我覺得重要的還在於乙部，即是四庫之史部。……。我始終相信二十四史是一部好書，他很誠懇地告訴我們過去曾如此，現在是如此，將來要如此。歷史所告訴我們的在表面的確只是過去，但現在與將來也就在這裏面了：正史好似人家祖先的神像，畫得特別莊嚴點，從這上面卻總還看得出子孫的面影，至於野史等更有意思。那是行樂圖小照之流，更充足地保存真相，往往令觀者拍案叫絕，歎遺傳之神妙。正如獐頭鼠目再生於十世之後一樣，歷史的人物亦常重現於當世的舞臺，恍如奪舍重來，懾人心目，此可怖的悅樂為不知歷史者所不能得者也。通歷史的人如太乙真人目能見鬼，無論自稱為什麼，他都能知道

這是誰的化身，在古卷上找得他的元形，自盤庚時代以降一一
俱在……。淺學者流妄生分別，或以二十世紀，或以北伐成功，
或以農軍起事劃分時期，以為從此是另一世界，將大有改變，
與以前絕對不同，彷彿是舊人霎時死絕，新人自天落下，自地
湧出，或從空桑中跳出來，完全是兩種生物的樣子：此正是不
學之過也。宜趁現在不甚適宜於說話做事的時候，關起門來努
力讀書，翻開故紙，與活人對照，死書就變成活書，可以得道，
可以養生，豈不懿歟？[12]

　　看來，周作人要人讀史書，不是要我們發思古之幽情，而是讓我
們更深刻地認識現實，更清醒地面對當下。而當代「文化保守主義者」
要人們讀經書則恰恰是要我們從現實中掉過頭去。可以肯定地說，周
作人比當代「文化保守主義者「更為關注現實或者說更清醒。

　　「文化保守主義者」為什麼要提倡讀經呢？且口頭回應者還不在
少數呢？周作人的一篇文章為我們提供了解答這一問題的線索。

　　周作人〈關於命運〉一文中有這樣一段文字：

我們在報紙上常看見槍斃毒犯的新聞，有時還高興去附加一個
照相的插圖。毒販之死於厚利是容易明瞭的，至於再吸犯便很
難懂，他們何至於愛白麵過於生命呢？第一，中國人大約特別
有一種麻醉享受性，即俗云嗜好。第二，中國人富的閒得無聊，
窮的苦得不堪，以麻醉消遣。有友好之勸酬，有販賣之便利，
以麻醉玩弄。衛生不良，多生病痛，醫藥不備，無法治療，以
麻醉救急。如是乃上癮，法寬則蔓延，法嚴則駢誅矣。此事為
外國或別的殖民地所無，正以此種癖性與環境亦非別處所有

耳。我說麻醉享受性，殊有杜撰生造之嫌，此正亦難免，但非
全無根據，如古來的念咒畫符讀經惜字唱皮黃做八股叫口號貼
標語皆是也，或以意，或以字畫，或以聲音，均是自己麻醉，
而以藥劑則是他力麻醉耳。[13]

我有請列位看官特別注意周作人這句話：「我說麻醉享受性，殊有
杜撰生造之嫌，此正亦難免，但非全無根據，如古來的念咒畫符讀經
惜字唱皮黃做八股叫口號貼標語皆是也，或以意，或以字畫，或以聲
音，均是自己麻醉，而以藥劑則是他力麻醉耳。」

由此，我終於理解了「文化保守主義者」宣傳讀經的苦口婆心，
原來，讀經可以讓自己進入渾然忘我飄飄欲仙的自我麻醉狀態。看
來，「文化保守主義」者不遺餘力宣揚讀經確實是出於一片誠意一片
好心。

在我看來，「文化保守主義」者猶如酒宴上的「酒司令」，他一
個勁地勸酒不是要拿酒精毒害你，而是讓你品嚐「杯中物」的妙處，
讓你直抵「微熏」乃至「酩酊」的人生佳境。倘若你非要做個痛苦
的清醒者，那是你自作自受，是你把人家「酒司令」的好心腸當作
了驢肝肺。

「只聞樓梯響，不見人下來。」我想把這句俗語送給大力提倡讀
經的「文化保守主義」者，因為，幾年來，雖然讀經之聲不絕於耳，
但讀經運動在華夏大地卻並沒有蔚然成風。其實，只要稍稍思考一下，
就知道這樣的結局是必然的。你想，在節奏飛快、競爭激烈的當今社
會，大家都要養家糊口，怎麼可能奢侈到拿出大把大把的時間來讀經？
如果像觀賞韓劇那樣去讀經，那既是輕薄古人也是折磨自己最終還一

無所獲。行文至此，我突然想到，「文化保守主義者」和我們生活於同一時代，也要養家糊口，那麼，他們也不可能拿出大量的時間來讀經，這樣，他們自己是否把經書讀懂讀透就很難說了。而如果他們自己在四書五經方面是「半瓶子醋」，卻拼命鼓動別人去讀經書，恐怕就不夠嚴肅了吧。

周作人在短文〈楊柳〉中曾寫這樣一句話：

> 然而說也奇怪，我於古文的反動偏是很樂觀的，覺得這不會成功，因為復古的人們自己都是古文不通的，所可惜者是平白地害了許多青年變成不通而已。[14]

我想，倘若把知堂老人這番話一字不動移過來用在當代「文化保守主義者」身上，也是十分確切的。

當然，「文化保守主義者」當中也頭腦冷靜者，他們知道自己在四書五經方面沒有下過「童子功」，這輩子想把經書讀懂讀透是沒指望了，於是，他們自然想到，讀經也和踢足球一樣要從娃娃抓起，就四處遊說大力提倡兒童讀經。然而兒童讀經到底有啥好處呢？我想這一點周作人絕對有發言權，因為他在幼年時曾花了八年時間把四書五經讀得滾瓜爛熟。古關於兒童讀經，周作人的觀點如下：

> 我只想自己檢察一下，小時候讀了好些的聖經賢傳，也看了好些貓狗說話的書，可是現在想起來，一樣的於我沒有影響，留下的印象只是貓狗要比聖賢更有趣味，雖然所說的話也不可靠。我說兒童讀經之無用，與主張貓狗講話之無害，正是同一根據。[15]

當然，如果說兒童讀經一點好處也沒有，那也有欠公允。我認為，兒童讀經的唯一好處在於：幼年讀過經書的兒童如周作人，長大成人後，就會對經書深惡痛絕，就不會強迫自己的小孩和別人家的孩子去讀四書五經，因為他深知，兒童讀那晦澀艱深詰屈聱牙的所謂經書是怎樣的一種痛苦一種折磨！

眼下，學鋼琴的孩子越來越多，但鋼琴家的數量並未因此水漲船高。絕大多數孩子因為幼年被家長強迫學琴，長大後，看到鋼琴猶如仇人相見分外眼紅，恨不得上前把那無辜的鋼琴砸個稀巴爛，對這樣的心理我們應該並不陌生，想當初，那些高喊「打倒孔家店」的憤青們，不就是因為小時候飽讀經書飽受折磨而把一腔怨氣發洩到無辜的孔子身上嗎？

藹理斯是周作人所服膺的一個人，可以說，他的書對周作人產生了很大的影響。這位藹理斯君也是堅決反對兒童讀經的。他說：「那些違反了許多教育名師的判斷，強要命令小孩們讀經，好叫他們對於這偉大文學及其所能給的好處終身厭惡的，那些高等官吏在什麼地方可以找著，我可不知道。但是，在那些人被很慈悲地都關到精神病院裏去之先，這世間是不大會再發現那《聖書》的了。」[16]周作人對藹理斯這番論斷作了如下評價：「藹理斯關於讀經的話也很有意味，可供中國的參證，但此亦只以無精神病者為限耳。」[17]

這裏，請允許我模仿一下周作人的話：藹理斯關於讀經的話也很有意味，可供當代「文化保守主義者」參考，但此亦只以無精神病者為限耳。

本來，文章寫到這裏就可以結束了，但筆者偶然間看到了周作人弟子廢名的一段話，這段話寫得太好了，我自然不能獨自消受，還是將其抄錄在下面，和列位看官們共同分享吧。

……。但《四書》我從小就讀過的，初上學讀完《三字經》便讀《四書》，那又是一回事。回想起來那件事何其太愚蠢、太無意義了，簡直是殘忍。戰時在故鄉避難，有一回到一親戚家，其間壁為一私塾，學童正在那裏讀書，我聽得一個孩子讀道：「子為南容！子為南容！」我不禁打了個寒噤，怎麼今日還有殘害小孩子的教育呢？我當時對於那個聲音覺得很熟，而且我覺得是冤聲，但分辨不出是我自己在那裏誦讀呢，還是另外一個兒童學伴在那裏誦讀？我簡直不暇理會那聲音所代表的字句的意義，只深切地知道是小孩子的冤聲罷了。再一想，是《論語》上的這一句：「子謂南容，邦有道不廢，邦無道免於刑戮，以其兄之子妻子。」可憐的兒童乃讀著「子謂南容！子謂南容！」了。要說我當時對於這件事憤怒的感情，應該便是「火其書」！別的事很難得激怒我，談到中國的中小學教育，每每激怒我了。[18]

　　讀了廢名這番怒髮衝冠的話，我為我自己感到慶幸，因為我沒趕上讀經時代；我也為我的女兒感到慶幸，因為她也沒有趕上讀經時代；我還要為將來的小朋友慶幸，因為你們的家長或許會強迫你們學鋼琴但絕不會再拿四書五經來摧殘你們如花如夢的童年了。

　　願讀經時代永遠成為歷史成為昨天的噩夢。

註 釋

[1] 引自周作人著：《雨天的書》，河北教育出版社，2002 年出版，第 98 頁。

[2] 引自沈從文著：《蕭蕭集》，岳麓書社，1992 年出版，第 123 頁。

[3] 引自周作人著：《永日集》，河北教育出版社，2002 年出版，第 134 頁。

[4] 同注【3】，第 111 頁。

[5] 引自周作人著：《看雲集》，河北教育出版社，2002 年出版，第 79 頁。

[6] 引自劉克敵著：《梁漱溟的最後 39 年》，中國文史出版社，2005 年出版，第 74 頁。

[7] 引自尚定著：《胡喬木在毛澤東身邊工作的 20 年》，人民出版社，2005 年出版，第 238 頁。

[8] 引自葉永烈著：《毛澤東的祕書們》，上海人民出版社，2005 年出版，第 124 頁。

[9] 引自柏樺著：《往事》，河北教育出版社，2002 年出版，第 85 頁。

[10] 同注【5】，第 54 頁。

[11] 引自周作人著：《苦茶隨筆》，河北教育出版社，2002 年出版，第 14 頁。

[12] 同注【3】，第 114 頁。

[13] 同注【11】，第 113 頁。

[14] 同注【11】，第 127 頁。

[15] 同注【11】，第 78 頁。

[16] 同注【11】，第 155 頁。

[17] 同注【11】，第 156 頁。

[18] 引自廢名著：《廢名文集》，東方出版社，2000 年出版，第 258 頁。

後記：不動筆墨不讀書

Expression is the best means of appropriating an impression
（你若想把平時所得的印象感想變成你自己的，最有效的法子
是記錄或表現成文章。）

這是胡適自製的格言。他說：「作筆記，作論文，演說，討論，皆是表現。平日所吸收之印象皆模糊不分明；一經記述，自清楚明瞭。」

格雷厄姆・沃拉斯一番話與此相似：「人的思想是流動的，你如果不當時把他用文字記下，過時不見，再尋他不得。所以一支筆和一片紙，要常常帶在身邊。」

我認為，讀書時，「人的思想」一定「流動」得飛快，這時候，我們往往最需要一隻筆和一片紙，把那些稍縱即逝又飄忽不定的思緒記錄下來。

在一次演講中，余秋雨說：「我不主張在課外閱讀中做很多卡片，卻贊成寫一些讀書筆記，概括全書的神采和脈絡，記述自己的理解和感受。這種讀書筆記，既在描述書，又在描述自己。每一篇都不要太長，以便對即時的感受進行提煉，把感受提煉成見識。」

收入本書中的這些文字，就力圖「既在描述書，又在描述自己」；其實，我寫此書的目的就是「對即時的感受進行提煉，把感受提煉成見識」。

　　我們知道，讀書要眼到，口到，心到，手到。胡適特別強調「手到」的重要性，他說：「手到就是要勞動勞動你的貴手。讀書單靠眼到，口到，心到，還不夠的；必須還得自己動動手，才有所得。」胡適為何如此強調「手到」重要性？其理由如下：

　　「發表是吸收知識和思想的絕妙方法。吸收進來的知識思想，無論是看書來的，或是聽講來的，都只是模糊零碎，都算不得我們自己的東西。自己必須做一番手腳，或做提要，或做說明，或做討論，自己重新組織過，申敘過，用自己的語言記述過，──那種知識思想方可算是你自己的了。」

　　讀書，是為了吸收知識；而把讀書時的感受思緒寫出來則是為了更好地消化所獲得的知識。正是從這個角度來來看，我以為，不動筆墨光讀書，無異於暴殄天物。

國家圖書館出版品預行編目

讀來讀往：我的閱讀之旅 / 魏邦良, 賈冬梅著.
-- 一版. -- 臺北市：秀威資訊科技, 2009.09
面 ； 公分. -- (語言文學類；PG0275)
BOD 版
ISBN 978-986-221-295-0(平裝)

1. 書評　2. 文集

011.69　　　　　　　　　　　98017086

語言文學類　PG0275

「讀」來「讀」往——我的閱讀之旅

作　　者 / 魏邦良、賈冬梅
主　　編 / 蔡登山
發 行 人 / 宋政坤
執行編輯 / 藍志成
圖文排版 / 鄭鉅旻
封面設計 / 陳佩蓉
數位轉譯 / 徐真玉　沈裕閔
圖書銷售 / 林怡君
法律顧問 / 毛國樑　律師
出版印製 / 秀威資訊科技股份有限公司
　　　　　台北市內湖區瑞光路 583 巷 25 號 1 樓
　　　　　電話：02-2657-9211　　　傳真：02-2657-9106
　　　　　E-mail：service@showwe.com.tw
經 銷 商 / 紅螞蟻圖書有限公司
　　　　　台北市內湖區舊宗路二段 121 巷 28、32 號 4 樓
　　　　　電話：02-2795-3656　　　傳真：02-2795-4100
　　　　　http://www.e-redant.com

2009 年 9 月 BOD 一版
定價：260 元

讀 者 回 函 卡

感謝您購買本書,為提升服務品質,煩請填寫以下問卷,收到您的寶貴意見後,我們會仔細收藏記錄並回贈紀念品,謝謝!

1. 您購買的書名:＿＿＿＿＿＿＿＿＿＿＿＿＿＿＿＿

2. 您從何得知本書的消息?

　　□網路書店　□部落格　□資料庫搜尋　□書訊　□電子報　□書店
　　□平面媒體　□ 朋友推薦　□網站推薦　□其他＿＿＿＿＿＿

3. 您對本書的評價:(請填代號　1.非常滿意 2.滿意 3.尚可 4.再改進)

　　封面設計＿＿　版面編排＿＿　內容＿＿　文/譯筆＿＿　價格＿＿

4. 讀完書後您覺得:

　　□很有收獲　□有收獲　□收獲不多　□沒收獲

5. 您會推薦本書給朋友嗎?

　　□會　□不會,為什麼?＿＿＿＿＿＿＿＿＿＿＿＿＿＿＿

6. 其他寶貴的意見:＿＿＿＿＿＿＿＿＿＿＿＿＿＿＿＿＿＿
＿＿＿＿＿＿＿＿＿＿＿＿＿＿＿＿＿＿＿＿＿＿＿＿＿＿＿
＿＿＿＿＿＿＿＿＿＿＿＿＿＿＿＿＿＿＿＿＿＿＿＿＿＿＿
＿＿＿＿＿＿＿＿＿＿＿＿＿＿＿＿＿＿＿＿＿＿＿＿＿＿＿

讀者基本資料

姓名:＿＿＿＿＿＿＿＿＿＿　年齡:＿＿＿＿　性別:□女 □男

聯絡電話:＿＿＿＿＿＿＿＿　E-mail:＿＿＿＿＿＿＿＿＿＿

地址:＿＿＿＿＿＿＿＿＿＿＿＿＿＿＿＿＿＿＿＿＿＿＿＿

學歷:□高中(含)以下　　□高中　　□專科學校　□大學
　　　□研究所(含)以上 □其他＿＿＿＿＿＿＿＿

職業:□製造業 □金融業 □資訊業 □軍警 □傳播業 □自由業
　　　□服務業 □公務員 □教職　□學生 □其他＿＿＿＿＿

秀威與 BOD

BOD（Books On Demand）是數位出版的大趨勢，秀威資訊率先運用 POD 數位印刷設備來生產書籍，並提供作者全程數位出版服務，致使書籍產銷零庫存，知識傳承不絕版，目前已開闢以下書系：

一、BOD 學術著作—專業論述的閱讀延伸
二、BOD 個人著作—分享生命的心路歷程
三、BOD 旅遊著作—個人深度旅遊文學創作
四、BOD 大陸學者—大陸專業學者學術出版
五、POD 獨家經銷—數位產製的代發行書籍

BOD 秀威網路書店：www.showwe.com.tw
政府出版品網路書店：www.govbooks.com.tw

永不絕版的故事・自己寫・永不休止的音符・自己唱